JEANNE RULAND

Die heilende Weisheit der Träume

Ein spiritueller Wegweiser durch die Welt der Träume – alles über Traumgeschichte, Traumarten und -deutung bis zur nächtlichen Traumpraxis

Schirner Verlag

Die Ratschläge in diesem Buch sind sorgfältig erwogen und geprüft. Sie bieten jedoch keinen Ersatz für kompetenten medizinischen Rat, sondern dienen der Begleitung und der Anregung der Selbstheilungskräfte. Alle Angaben in diesem Buch erfolgen daher ohne Gewährleistung oder Garantie seitens der Autorin oder des Verlages. Eine Haftung der Autorin bzw. des Verlages und seiner Beauftragten für Personen-, Sach- und Vermögensschäden ist ausgeschlossen.

Wir verzichten auf das Einschweißen unserer Bücher – **UNSERER UMWELT ZULIEBE!**

ISBN 978-3-8434-1528-6

Jeanne Ruland:
Die heilende Weisheit der Träume
Ein spiritueller Wegweiser durch die Welt der Träume – alles über Traumgeschichte, Traumarten und -deutung bis zur nächtlichen Traumpraxis

Umschlag: Hülya Sözer, Schirner,
unter Verwendung von #441807364 (© Savvapanf Photo), #1115695484 (© Srithana - studio), #1378730588 (© Bruce Rolff), #1535939810 (© Mia Stendal), #1984499423 (© Fer Gregory) und #1922395829 (© Valedi), www.shutterstock.com, sowie eines Bildes von Andrea Kowitz-Vierheller
Layout: Hülya Sözer, Schirner
Lektorat: Kerstin Noack-Zakel, Schirner
Printed by: Ren Medien GmbH, Germany

www.schirner.com

Überarbeitete Neuausgabe 2023 – 1. Auflage Mai 2023

Möge dieses Buch den Weg des Träumens
in einem neuen Licht erscheinen lassen.
Mögest du, liebe Leserin, lieber Leser,
durch die Verknüpfung von Traum und Wirklichkeit
viele wunderbare und segensreiche Erfahrungen machen.
Mögen die guten Träume Visionen werden und
heilsame, segensreiche Visionen Wirklichkeit.

Inhalt

Verschiedene Traumwelten ... 118

»Alle Dinge begannen mit einer Vision.
Alle Dinge haben ihren Ursprung in der Vision.
Doch alle Dinge müssen dann noch
ins Werk gesetzt werden.
Alles, was ist oder entsteht oder erzeugt
oder geschaffen wird –
alles ist das Ergebnis eines Tuns oder Ausführens.
Selbst die Vision ist nicht ohne Voraussetzung:
Wir müssen sie suchen.
Wir müssen Visionen und Träume suchen
und unsere Träume dann leben.«

Ausspruch der Ojibwa (Kanada) und Chippewa (Nordamerika)

Mein persönlicher Weg zwischen Traum und Wirklichkeit

»Träumen heißt nicht, die Augen vor der Wirklichkeit zu verschließen.«

Deutsche Volksweisheit

Ich würde mich als Träumerin bezeichnen. Ich erinnere mich noch an ganz frühe Träume aus meiner Kindheit: Ich konnte fliegen und mich mit Lichtgeschwindigkeit an Orte begeben, die ich in diesem Leben zu dem damaligen Zeitpunkt noch nicht kennen konnte, die ich aber später entdeckte und sofort wiedererkannte. Ich lernte, in die Träume, in das Traumgeschehen, einzugreifen und einen Albtraum zu besiegen.

Schon immer spielte das Träumen eine zentrale Rolle in meinem Leben. Meine Träume brachten mir Botschaften, warnten mich, ließen mir Heilkraft zukommen und führten mich ins Leben zurück. Sie halfen mir, mein Gleichgewicht wiederzufinden, Informationen zu bekommen und mein Bewusstsein zu erhöhen, Unterweisungen und Lehren zu empfangen, die Bibliothek des Herzens, die die Erde ist, zu öffnen und darin zu lesen, mit Engeln und anderen Geistwesen in Kontakt zu treten, und sie offenbarten mir den Weg zur Verbindung mit allem.

Als ich anfing, mich mit Schamanismus zu beschäftigen – ich war damals 16 Jahre alt –, hörte ich von den drei weiblichen Möglichkeiten, den schamanischen Pfad zu beschreiten: dem Weg der Kriegerin, dem Weg der Pirscherin/Jägerin und dem Weg der Träumerin. Aus einem Gefühl heraus wählte ich für mich den letztgenannten, obwohl zweifellos jede und jeder von uns alle Aspekte des Seins verkörpern kann und diese drei Wege fließend ineinander übergehen.

Im Laufe der Jahre hatte ich verschiedene Lehrer und Lehrerinnen, die mich in dieses Wissen einführten. Sie kreuzten meinen Weg und ich den ihren auf den Traumpfaden des Lebens. Ihnen bin ich zutiefst verbunden und dankbar dafür, dass sie mir den Zugang zum schamanischen Wissen eröffneten. Meine Reisen und mehrmonatigen Aufenthalte in Neuseeland und Australien ließen mich in die sogenannte Traumzeit eintauchen, die ich dort sehr intensiv gespürt habe.

Meine Träume weisen mir stets den richtigen Weg. Sie führen und leiten mich auf all meinen irdischen Pfaden. Es gibt viele Wege und Ebenen des Träumens, die ich dir in diesem Buch näherbringen möchte.

Träumen heißt, hinter die sichtbare Seite
der Dinge zu schauen.
Träumen ist viel mehr, als wir annehmen –
im Traum steckt unsere Lebensvision.
Einen Traum zu verwirklichen, bedeutet,
ihm zu folgen und ihn durch die aktive Handlung
in die Wirklichkeit zu holen.
Dies ist die größte Erfüllung des Traums.

Einmal träumte ich, ein Engel berührte mein Sein. Er nannte mir seinen Namen und legte ein Buch in mein Herz. Es strahlte golden, und wenn ich es aufgeschlug, leuchteten die Seiten in hellem, klarem Weiß. Ich machte mich auf die Suche nach der Bedeutung des Engelnamens und fand sie: »Verwirklichung Gottes«.

Im Laufe meiner Suche bekam ich den Auftrag, mein erstes Buch zu schreiben – über die Engel und ihre Namen. Ich erkannte, dass mein Traum ein Wegweiser gewesen war, und ich konnte einen Teil meiner Bestimmung verwirklichen, ohne dass ich jemals vorher im Leben daran gedacht hätte, einmal ein Buch zu schreiben. Folgen wir unserer Berufung, unserem Traum, so wechseln wir von dem einen in den anderen Zustand und wieder zurück. Ein Traum kann flüchtig sein, er kann uns aber auch sehr klare und deutliche

Botschaften zeigen. Halten wir diese in unserem Bewusstsein wach, so wird der Traum zur Vision. Schaffen wir es, die Vision zu nähren, so verdichtet sie sich und wird schließlich Wirklichkeit. Wir erwachen in unserem Traum.

Es geht nicht nur darum,
die Träume der Nacht zu beachten,
es geht auch darum, den Lebenstraum zu erfüllen
und ihn Wirklichkeit werden zu lassen.
Denn im Traum wohnt unsere Bestimmung.

Wir alle haben oder hatten Träume von unserem Leben, und wir alle sind ihnen gefolgt, bewusst oder unbewusst. Traum und Wirklichkeit können an Schnittpunkten des Lebens, dort, wo die inneren und die äußeren Strömungen im Herzen zusammenfließen, eins werden. Sie sind nicht so gegensätzlich, wie gemeinhin angenommen wird. Der Traum durchwebt die Wirklichkeit, und diese ist von einer feinen geistigen Energie durchzogen, die die unsichtbaren Fäden des Schicksals verknüpft und leitet. Hier ist der Traum und dort die Wirklichkeit. Nein, in Wahrheit sind sie eins, wollen eins werden.

Einleitung

»Der Traum ist das älteste Orakel der Menschheit.«

Plutarch, Philosoph im antiken Griechenland

Dieses Buch ist dem Träumen gewidmet. Träumen bezieht sich dabei nicht nur auf den Traum, der uns in der Nacht, im Schlaf besucht – sondern auf den Zustand des Träumens an sich, der jedem lebendigen Wesen zu eigen ist: den Lebenstraum, den jeder in sich trägt. Den Traum von Glück, Frieden und Freiheit.

Das Träumen ist ein Teil unserer geistigen Freiheit. Es wirkt hinter allem Lebendigen. Hinter der sichtbaren Form verbirgt sich die Traumzeit, hier wabert und webt sich die feine geistige Energie, die nicht zerstört werden kann. Zu allen Zeiten gab es Kulturen, denen der Traum heilig war. Ihm wurde besondere Aufmerksamkeit geschenkt, da er Botschaften aus einer anderen Wirklichkeit sandte und dem Menschen tiefgründige, vielschichtige und reichhaltige Wege offenbarte, wie er mit seiner geistigen Natur und damit einer höheren Ebene seines wahren Wesens in Kontakt treten konnte. Im Traum sucht die Seele nach Lösungen und Auswegen aus Situationen.

Ich möchte dich, liebe Leserin, lieber Leser, in die Traumzeit mitnehmen und dir die Tiefe, Weisheit, Heilkraft und Schönheit unserer träumenden Natur offenbaren. Durch den bewussten Umgang mit diesem Teil unserer selbst können wir das geheime Wissen dieser Welt entschlüsseln, die Zeichen und Spuren unserer Seele verstehen, unser Gleichgewicht wiederfinden und die uns innewohnenden Heilkräfte aktivieren.

»Ich weiß aus unleugbarer Erfahrung, dass Träume zur Selbsterkenntnis führen.«

Georg Christoph Lichtenberg, deutscher Philosoph

Im Schamanismus ist die Erforschung der Träume mehr als eine analytische Abhandlung wissenschaftlicher Untersuchungen. Beim Träumen werden unsere Seele, unsere geistige Essenz, unsere Tiefe und Weite und unser Potenzial berührt. Wir tauchen vollkommen in das Sein ein. Für einen Schamanen, einen schamanisch arbeitenden Menschen, zeigt sich beim Träumen das Zweite Gesicht aller Dinge, ihre wahre Natur. Sie webt sich wie eine feine Energie durch das Tagesgeschehen. In der Nacht, wenn die Türen zur äußeren Welt sich schließen, erwachen die gesammelten lebendigen Eindrücke dieser Natur und offenbaren sich in unseren Träumen.

Träume dienen häufig einfach dazu, das Tagesgeschehen zu verarbeiten. Oft können wir uns am nächsten Morgen nicht erinnern, was wir geträumt haben, haben nur vage Vorstellungen davon oder können mit dem Traumgeschehen nicht viel anfangen, da wir uns von uns selbst entfremdet haben. Wenn es in unseren Träumen wild wird, wenn wir Albträume haben und nicht mehr richtig schlafen können, können wir zu Schlafmitteln greifen – von natürlichen Helfern wie beschwerten Decken, beruhigenden Düften, ätherischen Ölen oder speziellen Bädern bis hin zu Schlaftabletten – oder wir beginnen, uns mit den Träumen, den Botschaftern unserer Seele, zu beschäftigen.

Wir wissen oft nicht, was wir hier sollen, wer wir sind, wo unser Platz ist und was wir mit unserem Leben anfangen können. So leben wir in einer relativ oberflächlichen Schicht unseres Seins. Dabei träumen wir jede Nacht mindestens zwei bis drei Stunden. Gehen wir von drei Stunden pro Nacht aus, so sind dies in der Woche 21 Stunden, im Jahr ca. 1100 Stunden und bei einer angenommenen Lebenszeit von 70 Jahren etwa 77 000 Stunden. Diese Traumstunden werden uns einfach so geschenkt. Sie kosten nichts, im Gegenteil: Uns mit dem, was sich in unserer Seele bewegt, auseinanderzusetzen, schenkt uns unbezahlbares Wissen.

Es lohnt sich, die Post unserer Seele zu öffnen und die Briefe, die sie uns sendet, zu lesen und zu deuten. Denn wir haben einen Auftrag und einen Platz – es gibt einen guten Grund, warum wir hier sind.

»Ein ungedeuteter Traum gleicht einem ungelesenen Brief.«

Talmud, Berachot 55a

Als Menschen sind wir Mittler zwischen Himmel und Erde. Wir sind untrennbar mit allem verbunden. Getrenntsein vermittelt uns das Gefühl von Verlust, Verbundensein gibt uns das Gefühl von Vollständigkeit. Alles, jede und jeder befindet und bewegt sich innerhalb der Schöpfung, alles hat seinen Platz, seinen Wert und seine Ordnung.

Träume helfen uns dabei, dies zu erkennen. Wir können ein glückliches Leben führen und zu unserer geistigen Essenz erwachen. Wir können lernen, ein Meister, eine Meisterin der Energie in uns zu werden. Ich hoffe, dass ich dir mit diesem Buch einen neuen Blick auf das Träumen schenken kann. Folge mir einfach Schritt für Schritt tiefer in das Land der Träume.

Die Geschichte
des Träumens

»Alles ist eins.
Während des Schlafens ist die Seele nicht abgelenkt,
sie ist aufgenommen in die Einheit.
Wach und abgelenkt sieht sie die Unterschiede.«

Tschuang-tse, Philosoph im alten China

In der Frühzeit des Menschen war der Traum heilig, er war verwoben und verbunden mit der Wirklichkeit. Frühe Erzählungen, Aufzeichnungen und Geschichten über die Träume finden sich in den Mythen, Legenden und Sagen dieser Welt. Es folgt nun ein allgemeiner Überblick über die Geschichte des Träumens, das in allen Zivilisationen und jeder Epoche die Menschen bewegte, inspirierte, führte und eine magische Anziehungskraft auf sie ausübte.

In frühzeitlichen Kulturen und Erdreligionen wurde dem Träumen eine besondere Bedeutung beigemessen. Das Träumen war nichts von Mensch, Natur und Alltag Getrenntes, es war ein selbstverständlicher, wichtiger Bestandteil des Lebens selbst. Außerdem war es eine Brücke zwischen der materiellen, physischen und der immateriellen, geistigen Natur des Menschen.

Da der Traumzustand anders ist als das Wachsein, betrachtete man ihn als eine andere Wirklichkeit. Träume galten als Botschaften aus dem Andersreich, aus der Geistigen Welt jenseits von Form, Raum und Zeit. Träumen wurde eine besondere Hochachtung und Aufmerksamkeit entgegengebracht, da die Menschen zutiefst davon überzeugt waren, dass sie in höchstem Grade wichtig, wirksam, bedeutungsvoll und sinnerfüllt waren. Der Traum führte sie auf dem Pfad des Lebens. Er brachte Wissen, Erkenntnis, Weisheit, Heilung, Verständnis, Verbundenheit und Achtung vor dem Leben. Darüber hinaus kündigte er auch Unheil, Krankheit und Tod an, sandte Warnungen und bereitete die Seele auf bevorstehende einschneidende Ereignisse vor. Träume machten das Leben reich, man fühlte sich durch sie mit allem verbunden, und das Leben selbst erhielt eine unglaubliche Tiefe, die es in der Einheit und der lebendigen Natur aller Dinge verwurzelte.

In zahlreichen Hoch- und Sonnenkulturen späterer Epochen finden wir den Traum sogar als Einweihungsweg. So war der Tempelschlaf Teil der Initiation bei den Azteken, Maya, Ägyptern, Griechen, Indern, Babyloniern …

Priester und Priesterinnen wurden damals in der Traumpraxis des Tempelschlafs (siehe S. 108) ausgebildet. Dazu bereiteten sie sich auf besondere Weise auf den Schlaf vor, u. a. mit Fasten, Exerzitien (spirituelle Übungen zur Verbindung und Begegnung mit Gott), Meditationen, Übungen, bestimmten Kräutern und Waschungen. Sie lernten, ihr Bewusstsein zu schulen, ihre geistigen Kräfte zu entwickeln und zu lenken. Um die Botschaften der Götter zu empfangen, legten sie sich in Tempeln nieder, die dem Traum zugeordneten Gottheiten und Heiligen gewidmet waren – z. B. Asklepios, dem griechischen Gott der Heilkunst. Die im Tempelschlaf empfangenen Träume wurden im Dienste von Kranken, Ratsuchenden, Menschen, die wichtige Entscheidungen zu treffen hatten, usw. gedeutet.

Der Rat, die Führung und die Botschaften der Träume wurden in den verschiedensten Angelegenheiten gesucht. Träume galten als göttliche Sendungen und Offenbarungen, die das Handeln der Menschen leiteten.

Obwohl die Bibel selbst von der Heiligkeit des Traums, den göttlichen Sendungen, inspiriert ist und viele Heilige und Suchende über den Traum ihre Botschaften und Weisungen erhalten haben, wollte die Kirche zu einem späteren Zeitpunkt nicht länger akzeptieren, dass der Mensch sich über den Traum direkt, ohne Auslegung der Priester, mit Gott in Verbindung setzte. Der Traum wurde in seiner Bedeutung herabgesetzt und galt fortan als Teufelswerk.

In der Aufklärung schließlich wurden Geist und Materie im Bewusstsein der Menschen getrennt. Die Naturwissenschaft wollte mit dem Traum nichts zu tun haben. Es zählte nur das, was man messen und beweisen konnte. Fantasie, Visionen und Vorstellungskraft wurden als Spinnerei abgetan, galten als dem Verstand untergeordnet. Auf diese Weise verschloss sich ein Zugang zur Welt der Seele. Die wenigen, für die er offen blieb, konnten ihn nur noch im Geheimen durchschreiten. In Anbetracht seiner Möglichkeiten befassten sich alle Geheimorden und -gesellschaften dennoch weiterhin mit dem Traum und der Traumpraxis.

Der Traum, die träumende Natur des Menschen, ist heute so aktuell wie früher. Durch die Rückeroberung des inneren Raums, die besonders durch Sigmund Freud – durch diesen insbesondere in seinem Werk »Traumdeutung« –, Alfred Adler und C. G. Jung eingeleitet wurde, haben wir erneut Einlass ins Reich der Träume erhalten. Mittlerweile ist in der Traumforschung viel passiert. Psychologie und Neurowissenschaft beschäftigen sich intensiv mit dem Phänomen des Träumens. Zudem gibt es die vielfältigsten Traumanalytiker und Traumtherapeutinnen, die mittels verschiedener Zugänge auf ihre Weise mit den Träumen ihrer Klienten und Klientinnen arbeiten.

Das Interesse an einem holistischen Weltbild und ganzheitlichen Verständnis alles Lebendigen wächst zusehends. Das, was unsere Urahnen einst gewusst und gelebt haben, kehrt jetzt auf neue Weise in unser Bewusstsein zurück.

Unsere Fantasie, unsere Träume, unsere Vorstellungskraft formen unsere Welt. Alles geschieht zuerst im Geiste, bevor es sich manifestiert. Man träumt praktisch alles, ehe es seinen Ausdruck in der Materie findet. Es lohnt sich, sich eingehend mit der eigenen träumenden Natur zu befassen, sie ist ein wichtiger Teil von uns. Wenn wir das Träumen hinter allem wiedererkennen, beginnt das Erwachen.

»Ein Traum ist unerlässlich, wenn man die Zukunft gestalten will.«

Victor Hugo, französischer Schriftsteller

Nach diesem kurzen Abriss zur Geschichte des Traums folgt ein Überblick über den Traum in verschiedenen Kulturen, Religionen und Mythen – eine ausführliche Auseinandersetzung mit diesem Thema wäre bücherfüllend.

Naturvölker und Schamanentum

»Wer sehen will, muss die Augen schließen.«

Paul Gauguin, französischer Maler

Laut dem Autor James H. Brennan glauben mehr als 57 Kulturen fest an die Existenz eines zweiten Körpers. Auch die nordeuropäischen Völker waren vor der Christianisierung davon überzeugt, dass der Körper im Traum auf Reisen geht und ihm dabei die überlieferten Weisheiten aus den verschiedenen geistigen Reichen übermittelt werden.

Der Stamm der Azande in Afrika glaubt, dass der Mensch zwei Seelen hat. Eine davon heißt Mbisimo, und sie verlässt den Körper während des Schlafs, um Botschaften, Wissen, Heilkräfte usw. zu bringen. Die Bacairis in Südamerika behaupten, dass sich ein Schatten vom Körper löst und auf Reisen geht, wenn der Mensch einschläft … Dergleichen Beispiele gibt es noch viele. Eine besondere Position haben hier die Ureinwohner Australiens, die bis heute auf lebendigen Traumpfaden wandeln.

Aborigines

»Es heißt, wir seien seit 60 000 Jahren da,
aber wir leben schon viel länger hier.
Wir sind schon in der Zeit vor der Zeit hier gewesen.
Wir sind direkt aus der Traumzeit unserer schöpferischen Ahnen
hierher gekommen, haben hier gelebt und die Erde so erhalten,
wie sie am ersten Tag war.«

Ein Aborigine

Die Aborigines sagen, dass sie aus der Traumzeit kommen und früher eins mit ihr waren, bis ein Teil von ihnen diese Ebene verlassen musste. Die Traumzeit steht für die Schöpfung, für die Zeit, in der die Sprache, das Land, die Sonne, die Sterne, die Menschen, Tiere und Pflanzen entstanden sind. Höhlenmalereien gelten als die ältesten Zeugnisse der Traumzeit. Man hielt die lebendigen bildhaften Visionen fest, um sie Wirklichkeit werden zu lassen.

Traum und Wirklichkeit existieren für die Aborigines nicht getrennt voneinander. Im Traum berührt uns der Große Geist. Im Schlaf können wir zum Ursprung der Schöpfung zurückkehren. Ohne das Träumen gibt es nichts. Es ist die Energie hinter allem. Der Traum ist die Kraft, die hinter den sichtbaren Erscheinungen wohnt. Als Lebenskraft durchströmt sie alle Geschöpfe, außerdem gilt sie als Grundsubstanz der materiellen Welt.

Die Macht des Träumens findet sich in den Augen der Aborigines in allen Dingen, sie vibriert direkt hinter der Alltagswelt. Sie ist nicht zerstörbar, kann sich jedoch wandeln. Sie ist heute noch genauso lebendig wie früher, doch der Mensch hat verlernt, die Träume zu sehen. Nur zu bestimmten Zeiten, an bestimmten Orten und durch bestimmte Rituale, die dem Menschen von den Wesen der Traumzeit mitgegeben wurden, kann er sich bewusst mit den Träumen verbinden und diese zweite Wirklichkeit erfahren. Er kann Kraft aus der Quelle schöpfen und neue Inspiration und neue Wege finden.

Vernachlässigen wir das Träumen, so versäumen wir mehr als die Hälfte unseres Lebens. Für die Aborigines ist die Traumwirklichkeit genauso real wie die Alltagswelt. Sie leben in der Einheit der verschiedenen Zustände des menschlichen Geistes.

Schamanismus

In vielen schamanischen Traditionen dieser Welt, die einen sehr ursprünglichen Zugang zur geistigen Natur der Dinge und eine Verbindung zu allem haben, was ist, geht man in der Welt des Traums ein und aus. Man sucht den Traum auf, weil man Hinweise zur Heilung sucht, an anderen Orten erscheinen oder bewusst in das Land des Regenbogens reisen will usw.

Im Schamanismus ist der Weg des Träumens einer der wichtigsten Einweihungswege. Träume haben eine hohe Bedeutung. Sie kündigen bevorstehende Ereignisse an, zeigen, wie es um die Heilungschancen eines Menschen bestellt ist, weihen den Weisheitssuchenden ein … Aktionen oder Handlungen im Traumgeschehen werden so behandelt wie in der Realität. Für einen Schamanen gibt es zwischen beiden Ebenen keinen Unterschied – höchstens in Schwingung und Dichte. Wurde z. B. ein Cherokee im Traum von einer Schlange gebissen, so wurde er tagsüber medizinisch behandelt. Dem Traumgeschehen begegnen die Schamanen genauso ernsthaft und gewissenhaft wie der alltäglichen Wirklichkeit.

Das Leben ist ein ganzheitlicher Weg, zu dem alle Kräfte und Elemente gleichermaßen gehören. Im schamanischen Bereich gibt es Schulungen dazu, wie wir unsere Aufmerksamkeit verschieben und so die Energie direkt sehen und lenken können. Es geht darum, alle Welten in Übereinstimmung zu bringen, sodass wir die Wirklichkeit unmittelbar erfahren können.

Weltreligionen, Mythen und Epen

Die Sumerer

»Träume sind Werke der Götter.«

Quelle unbekannt

Das in Keilschrift verfasste sumerische Epos »Gilgamesch« gilt als das älteste Dokument der Traumdeutung. Es erzählt, wie der Held Gilgamesch – gemäß den Königslisten der Sumerer von 2652 bis 2602 v. Chr. König der mesopotamischen Stadt Uruk – von Ea, dem Gott der tiefen Wasser, Träume geschenkt bekommt und dadurch die Fähigkeit erlangt, die geheimsten Absichten der Götter zu deuten. Im Rahmen dieses Epos werden viele Traumarten dargestellt, wobei der Blick in die Zukunft die mystischste und tiefste Form des Traums zu sein scheint.

Das alte Ägypten

»Holz sägen ist gut: Seine Feinde sind tot.
Den Mond scheinen sehen ist gut: Gott erhört einen Wunsch.
Sich selbst tot sehen ist gut: Er wird noch lange leben.
Leute weit weg sehen ist schlecht: Sein Tod steht bevor.«

altägyptische Traumdeutung

Im alten Ägypten herrschte die allgemeine Vorstellung, dass der Mensch drei Seelen hat: Ba, Ib und Ka. Ba ist die Vogelseele, Ib das Herz und Ka der ätherische Doppelgänger, der ein Abbild des physischen Körpers aus feinstofflicher Substanz ist. Träume und Traumdeutung galten als hohe Wissenschaft. Hohepriester und -priesterinnen waren in die Kunst des Träumens, in die Traumdeutung und in den Tempelschlaf (siehe S. 108) eingeweiht. In den überlieferten Dokumenten finden sich über 200 verschiedene, in Hieroglyphen festgehaltene Traumdeutungen, die im 2. Jahrtausend v. Chr. entstanden sind.

Gute Träume kamen vom Sonnengott Horus, schlechte von Seth, dem Gott der Wüste und des Chaos. Seth war der Urheber von Dürre, Stürmen, Unwettern und strafte durch schlechte Träume. Der Traum war ein Mittler zwischen Göttern und Menschen, zwischen dem Diesseits und dem Jenseits. In speziellen Tempeln konnte man über den Traum mit der geistigen Wirklichkeit, den Göttern und den mächtigen Kräften des Universums, in Kontakt treten.

Das Auge des Horus ist heute noch ein wichtiges Symbol. Es steht für die Traumfähigkeit und hilft, bewusst zu träumen und ins universelle Bewusstsein zu erwachen.

Das alte China

»Ich, Tschuang-tse, träumte einst, ich sei ein hin und her flatternder Schmetterling, in allen Zwecken und Zielen ein Schmetterling. Plötzlich erwachte ich, und da lag ich selbst. Nun weiß ich nicht: War ich da ein Mensch, der träumt, er sei ein Schmetterling, oder bin ich jetzt ein Schmetterling, der träumt, er sei ein Mensch?«

Tschuang-tse, Philosoph und Schüler des chinesischen Philosophen Laotse

In China beschäftigte man sich sehr früh mit der Traumdeutung. Aus der Zeit der Zhou-Dynastie (auch: Chou-Dynastie), ab ca. 1100 v. Chr., gibt es entsprechende Aufzeichnungen. Damals herrschte der Glaube, dass Träume von guten oder bösen Geistern geschickt werden. Man war der Ansicht, dass die Traumexistenz eine Art zweites Leben darstellt, das der Mensch führt, und dass das Träumen und das wirkliche Leben Hand in Hand wirken.

Indien

»Auf Bitten von Brahma spricht die Göttin Tripura und erläutert ihr Wesen: ›Ich bin das Bewusstsein, welches den drei Zuständen Wachen, Träumen und Schlafen zugrunde liegt, und ruhe auf den vier Säulen Brahma (Schöpfung), Vishnu (Erhaltung), Shiva (Zerstörung) und Ishvara (Auflösung).‹«

Zitat aus den Veden

In den indischen Veden, die um 1000 v. Chr. entstanden sind, finden sich lange Abhandlungen über das Träumen, u. a. werden darin gute und schlechte Träume unterschieden. Außerdem werden alle Zustände des Träumens als Seinszustände betrachtet: Wachzustand, Träumen, Tiefschlaf und Sein im Selbst. Man geht davon aus, dass die Seele den Körper im Schlaf verlässt und sich selbst Schauplätze und Abenteuer schafft. Träume sind in der Lage, Glück und Positivität in unser Leben zu bringen, weshalb wir darauf achten sollten, was wir träumen und welche Qualität unsere Träume haben, d. h. welche Symbole wir darin finden.

Buddhismus

»So sollt ihr diese flücht'ge Welt beschau'n:
wie einer Sommerwolke Wetterleuchten,
wie einen Stern im ersten Morgengrau'n,
wie einer Flamme unbeständ'gen Schein,
wie einer Welle schnellverwehten Schaum,
wie ein Phantom, ein Trugbild ohne Sein,
wie eines schlafverfall'nen Geistes Traum.«

Prajnaparamita Sutra

Die Geburt von Siddhartha Gautama, dem Prinzen, der später zum historischen Buddha wurde, kündigte sich durch einen Traum an. Buddhas Mutter träumte während der Schwangerschaft, dass ein silberweißer Elefant von der Seite in ihren Körper eingedrungen war. Hindupriester interpretierten den Traum als Hinweis auf die Geburt eines großen Herrschers, eines Erleuchteten. Buddhas Berufung erfolgte ebenfalls durch einen Traum.

Der Buddhismus hat verschiedene Traditionen und Zweige hervorgebracht. Auf zwei möchte ich hier kurz eingehen:

Bön war die in Tibet vorherrschende Religion, als im 8. Jahrhundert der Buddhismus ins Land gelangte. Es kam zu einer starken gegenseitigen Beeinflussung der beiden Religionen, woraus der **tibetische Buddhismus** (Vajrayana) entstand. Mit einer aus dieser Tradition stammenden Praxis kann man lernen, beim Träumen eine klare Bewusstheit aufrechtzuerhalten, Energien zu verstärken und das Traumgeschehen gezielt zu lenken.

Neben einem üppigen überlieferten Wissensschatz gibt es auch eine reichhaltige tibetische Literatur zur aktiven Traumpraxis, die einen Weg zur

Erleuchtung darstellt. Der Traum spielt in diesem Kulturkreis eine zentrale Rolle. Er zeigt an, wie es um einen Menschen, einen Ort, eine Lage bestellt ist.

»Nichts geschieht, ohne dass ein Traum vorausgeht.«

Jetsün Milarepa, bedeutender tibetischer Heiliger

Träume werden darüber hinaus auch in der tibetischen Medizin genutzt, um Lage, Heilchancen und Entwicklung einer Krankheit zu enthüllen. Dort finden wir viele Traumpraktiken, die heute noch von Eingeweihten aktiv praktiziert, publiziert und gelehrt werden.

Auch im **Zen-Buddhismus**, der vorwiegend in China, Korea und Japan praktiziert wird, finden wir die Auseinandersetzung mit Traum und Wirklichkeit. Die Fragen reichen dabei bis in den metaphysischen Bereich: Wie wirklich ist die Wirklichkeit? Kann man einen Traum im Traum erklären? Wie kann man aus dem Traum im Traum erwachen?

»Ein alter Buddha sprach: ›Zu deinem Heil erkläre ich dir zusammen mit allen Buddhas der drei Welten und den sechs Patriarchen den Traum innerhalb eines Traums.‹ Wenn wir diese Worte hinterfragen, erkennen wir: Auf eine Blume zu zeigen und Mahakasyapas* Lächeln, das erklärt den Traum innerhalb eines Traums.«

Dogen Zenji, japanischer Zen-Meister

---

* Mahakasyapa: Der historische Buddha Siddhartha Gautama drehte der Legende nach eine Blüte zwischen seinen Fingern. Nur einer seiner Schüler, Mahakasyapa, verstand diese Geste unmittelbar als zentralen Punkt der Lehre Buddhas. Daraufhin erklärte der Buddha, all seine Weisheit und sein Geist seien nun auf Mahakasyapa übergegangen. Damit war das Rad (Dharma) der Buddha-Lehre in Bewegung gesetzt, und Mahakasyapa wurde der erste einer Folge von buddhistischen Patriarchen. Diese Legende ist der Gründungsmythos des Zen-Buddhismus, der sich im 5. Jahrhundert in China ausbreitete und im 12. Jahrhundert von dort nach Japan gelangte.

Die alten Germanen

In der Edda, der Sammlung altnordischer Götter- und Heldenlieder, und im Nibelungenlied finden wir die wichtigsten Ereignisse überwiegend mit Träumen verknüpft. Die alten Germanen glaubten fest, dass das Schicksal ihr Leben lenkte. Vorhersehung, Omen, Orakel, Prophezeiungen und Träume hatten daher einen besonderen Stellenwert. Träume wurden vielfach gedeutet, denn sie gewährten, so glaubten die Germanen, mitunter einen Blick in die Zukunft. Darüber hinaus wurden Träume für den Kontakt mit Toten, Naturwesen und Göttern genutzt, die wichtige Botschaften für den Träumenden bereithielten.

Das antike Griechenland

»Mögen die seligen Götter
mir den Traum zum Besten kehren!«

Sage der Europa

In der griechischen Mythologie finden wir viele Traumbeschreibungen, z. B. in Homers »Ilias«, wo Agamemnon aufgrund eines von Zeus gesandten Traums seine Getreuen und Verbündeten zum Feldzug gegen Troja antreten lässt.

Auch in Griechenland gab es den Tempelschlaf (siehe S. 108). In bestimmten Tempeln, z. B. in jenen, die Asklepios, dem Gott der Heilkunst, geweiht waren, wurde der Traum durch Bäder, Kräuter, Räucherungen oder Opfergaben angeregt und diente der Heilung. Hippokrates von Kos (ca. 460–370 v. Chr.), der Urvater aller Ärzte, entwickelte bestimmte Theorien zum Traum. So stellte er fest, dass ein Mensch, der gesund ist, logisch träumt, d. h.: Die Reihenfolge der Traumereignisse stimmt, und die Geschehnisse sind in sich schlüssig. Ist ein Mensch jedoch krank, so sind seine Träume wirr. Je entstellter der Traum, desto heftiger ist die Krankheit, die ein Mensch in sich trägt. Hippokrates machte seine Heilbehandlungen von den Träumen des Kranken abhängig. Diese Vorgehensweise finden wir übrigens auch in der tibetischen Bön-Tradition und noch heute in der tibetischen Medizin.

Aristoteles (384–322 v. Chr.), griechischer Philosoph, Naturforscher und einer der einflussreichsten Denker der abendländischen Geschichte, betrachtete den Traum als eine Art Seelenerleben. Er sagte, dass Erkrankungen im Traum bereits wahrgenommen werden, noch bevor sie tatsächlich ausbrechen.

Christentum

»Den Seinen gibt´s der Herr im Schlaf.«

Psalm 127, Vers 2

Träume wurden im Christentum in drei Kategorien eingeteilt: Träume, die die Gottheit enthüllen, Träume, die den spirituellen und körperlichen Gesundheitszustand aufzeigen, und Träume, die die Zukunft offenbaren – sogenannte Weissagungsträume. In der Bibel finden wir viele Texte über Träume, die Gottes Wort und Gottes Willen offenbaren, außerdem jede Menge Traumerzählungen. Da gibt es den Traum des Pharaos von den sieben Kühen und Ähren, den Propheten Daniel, der als Traumdeuter bekannt wurde, die Offenbarungen des Johannes usw.

Die frühen Christen glaubten, dass Träume von Gott gesandt seien. Später jedoch tat sich die Kirche, die sich als alleiniges Verbindungsglied zwischen Gott und Mensch betrachtete, schwer, die »Direktleitung« zwischen Mensch und Gott im Traum zu akzeptieren. Abgesandte der Kirche begannen, gegen die Gefahr, die Träume darstellen konnten, zu predigen – obwohl viele Heilige ihre Einweihungen und Offenbarungen nach wie vor über den Traum empfingen.

Im frühen Mittelalter verbot Papst Gregor II. erstmalig die Traumdeutung unter Androhung des Todes. Träume galten nun als Verführungsversuche des Teufels. Mit Beginn der Hexenverfolgung wurden das Träumen und die Deutung zu Hexenwerk. Das Wissen um die Träume verschwand in den Untergrund, es konnte nur noch im Geheimen existieren und weitergegeben werden.

Islam

Im Koran, der heiligen Schrift der Muslime, finden wir viele Traumerzählungen. Dem Propheten Mohammed erschienen im Traum Engel. Er deutete seine nächtlichen Bilder und die seiner Begleiter. Gemäß Überlieferung überbrachte ihm Engel Gabriel die erste Offenbarung Gottes und forderte ihn auf, die Botschaft des Islam zu verkünden. Dieses Ereignis wird als der Beginn der prophetischen Mission Mohammeds angesehen. Die Muslime glauben, dass Allah selbst wirkungsvolle Träume nur an wahrhaftig Gläubige sendet.

Geheimgesellschaften und Mystiker

Viele Geheimbünde und Geheimgesellschaften – Rosenkreuzer, Freimaurer, Order of the Golden Dawn (zu Deutsch: Orden der Goldenen Morgenröte) usw. – arbeiteten mit dem Traum, dem Erwachen im Traum, der Ätherprojektion (siehe S. 99) und der Astralprojektion (siehe S. 101). Wissen, das dort gelehrt wurde, musste streng geheim gehalten werden. Der Schüler sollte sich das Traumgeschehen nach und nach mit seinem Bewusstsein erobern, dabei sollten die Sinne im Schlaf wach bleiben.

Die Pflege des Traumerlebens ist ein wichtiger Teil aller mystischen, magischen und okkulten Logen, Orden und Geheimgesellschaften, durch das der Adept zu einem kontinuierlichen Bewusstsein gelangt. Es wurde viel experimentiert, erforscht und ausprobiert, und in einigen Traditionen wurde das Wissen um die Träume nicht immer im Sinne der lichten Kräfte angewandt. Traum, Traumdeutung und Traumpraxis enthalten viele magische Aspekte, die an sich neutral sind – es liegt an uns, ob wir sie bewusst im Sinne des Guten einsetzen.

Moderne Traumanalyse

Sigmund Freud

»Der Traum ist eine Wunscherfüllung.«

Sigmund Freud, Begründer der Psychoanalyse

Der Wiener Nervenarzt Sigmund Freud entwickelte Ende des 19. Jahrhunderts die Psychoanalyse, die über den »Königsweg« der Träume Zugang zum Unbewussten fand und psychische Störungen heilen konnte. Freud verhalf der Kunst der Traumdeutung zu neuem Aufschwung. Er gilt als Pionier der Traumforschung. Sein Verdienst ist darüber hinaus die Beschäftigung mit dem Unbewussten. Viele Traumtheorien, -ausbildungen und -deutungsbücher der heutigen Zeit sind durch Freuds Arbeit geprägt, auch wenn die aktuelle Traumforschung seine Theorien als weitestgehend überholt ansieht.

Im Rückblick erscheinen seine Deutungen recht einseitig, denn er betrachtete die meisten Traummotive als Ausdruck einer neurotischen Einstellung und als Zeichen verdrängter Sexualität – doch das schmälert seine Leistung als Wegbereiter der modernen Traumanalyse keineswegs!

Carl Gustav Jung

Carl Gustav Jung war ein bedeutender Schweizer Arzt und Psychotherapeut (1875–1961). Auf ihn geht die Methode der Analytischen Psychologie zurück, die er in Abgrenzung zur Psychoanalyse Sigmund Freuds begründet hatte.

Anders als Sigmund Freud interessierte er sich sein Leben lang für die fernöstlichen Philosophien und Religionen. Ein wichtiger Unterschied zwischen Jung und Freud ist, dass Jung die religiöse Dimension als heilende Kraft der Psyche ernst genommen und nicht wie Freud vor allem als Ausdruck einer neurotischen Einstellung betrachtet hat. Darüber hinaus kritisierte Jung, dass Freud in seiner Sexualtheorie den menschlichen Ausdruck der Geistigkeit vor allem als verdrängte Sexualität deutete.

Als Jung damit begann, lange Traumserien (von zum Teil mehreren hundert Träumen eines einzigen Klienten) auszuwerten, machte er eine bahnbrechende Entdeckung: Die Träume schienen zusammenzuhängen und in tieferem Sinn einem gemeinsamen Ziel untergeordnet zu sein. Eine lange Traumserie erschien daher nicht mehr als ein sinnloses Aneinanderreihen nicht zusammenhängender und einmaliger Geschehnisse, sondern als ein planvoller, stufenweise verlaufender Entwicklungs- und Ordnungsprozess. Jung verstand Träume als Botschaften der Seele. Unsere Innenwelt bedient sich im Traum verschiedener Symbole und Bilder, der Archetypen, die in der Tiefe des Unbewussten wirken und die es zu verstehen und zu übersetzen gilt. Traumbilder waren für Jung eine Art Urbilder in der Seele jedes Menschen, diese tauchen in Träumen ebenso wie in Märchen und Mythen auf. Er verstand sie daher als Symbole eines »Kollektiven Unbewussten«.

Carl Gustav Jung spielt in der heutigen Traumforschung nach wie vor eine wichtige Rolle. Seine Bücher sind eine wertvolle Grundlage für die Praxis des Träumens und heute noch so aktuell wie damals.

In neuerer Zeit gibt es jede Menge Schlaf- und Traumforscher. Zwei Strömungen treiben das Interesse dabei an: die Neurowissenschaft, die sich mit dem Zusammenhang zwischen dem, was im Gehirn vor sich geht, wenn wir träumen, und dem Inhalt des Traums sowie mit den physiologischen Vorgängen während des Schlafens und Träumens beschäftigt, und die Psychologie, die sich vor allem dem Bewusstsein und den Trauminhalten zuwendet.

Bücher und Artikel dazu, was wir heute über das Träumen wissen, gibt es reichlich. Einige bekannte Forschungsergebnisse stelle ich in diesem Buch vor. Doch möchte ich das Augenmerk vor allem auf die spirituelle Dimension des Träumens richten.

Träumen – unsere Zweite Natur

»Man träumt praktisch alles, bevor es geschieht.
Jeder Zustand wird zuerst geträumt,
ehe er sich verwirklicht.
Alle Menschen sollten ihre Träume beachten.«

Edgar Cayce, amerikanisches Medium, auch als schlafender Prophet bekannt

Das Träumen ist unsere Zweite Natur. Jeder Mensch träumt, ganz gleich, ob er sich dessen bewusst ist oder nicht. Es ist, als würde eine geistige Filmspule neben der Realität alles aufnehmen, was empfunden wurde, den eigenen Mustern, Glaubenssätzen, Erfahrungen und Lebensthemen entsprechend eingefärbt. Wenn wir die Augen schließen, so beginnt diese Spule, eine eigene Bewegung nachzuzeichnen, sie dokumentiert jeden Augenblick unseres Lebens.

PROBIERE ES AUS:

Schließe für einen Moment deine Augen, und achte darauf, wie du dich fühlst. Siehst du vielleicht Bilder? Fühle die Bewegungen und Tendenzen in dir. Bist du fit, müde, voller Liebe, traurig …? Hängst du Erinnerungen nach, steckst du in der Vergangenheit fest, oder bist du ganz in der Gegenwart? Mache dir diese innere Bewegung mehrere Male am Tag bewusst, denn sie erschafft deine Realität. Sie ist die feine Spule in dir und der Traumfaden, der sich Tag für Tag spinnt und sich in der Nacht, im Schlaf, durch das feine Energiegewebe deines Seins bewegt.

Da unsere Vorfahren noch stärker als wir mit der Natur verbunden waren, waren sie in der Lage, in der Bewegung des Laubs das Flüstern der Windgeister zu hören, die Zeichen im Flug der Vögel zu erkennen und die Spuren der Traumpfade zu lesen und nach ihnen zu handeln. Zu bestimmten Zeiten suchten sie die Wesen der Traumzeit auf, und dafür ausgebildete Menschen fragten diese in zahlreichen Angelegenheiten um Rat, erbaten Führung, suchten Anleitung zur Heilung … Die Menschen nutzten ihre Träume als Wegweiser im täglichen Leben.

Der Traum steht mit der wässrigen, intuitiven, fühlenden, weiblichen Natur unseres Wesens in Verbindung. Er steigt in uns auf wie das Feuchte, der Morgentau, der Atemhauch, der Nebel, der Dunst und weht als feiner Schleier zwischen den Welten um uns und in uns. Er ist die Grundlage unserer Seele. Wie das Wasser, so kann auch unser wässriger Wesensanteil sich wandeln, kann auf den Urgrund sinken, aufsteigen, am Himmel entlangziehen und wieder hinabfallen zur Erde, sich ausdehnen und zusammenziehen, einsinken, sich verbinden und in der Unendlichkeit verlieren. Alles pulsiert, durchläuft Zyklen und Kreisläufe, die immer wiederkehren, immer auf andere Weise.

Die wahre Natur des Menschen ist geistig. Wenn wir geboren werden, belebt uns die geistige Natur mit unserem ersten Atemzug, und wenn wir sterben, verlässt uns die geistige Natur mit unserem letzten Atemstoß. Sie kehrt in ihre geistige Heimat zurück, und nur die leere leblose Hülle bleibt – das Leben, der Lebenshauch ist gegangen.

Marie-Louise von Franz zeigt in ihrem Buch »Traum und Tod« auf, dass unser Unbewusstes uns schon Jahre bis Jahrzehnte vor unserem Tod auf die Zeit nach diesem Erdenleben vorbereitet. In vielen spirituellen Praktiken geht es darum, diesen

Traumkörper – das Diamantfahrzeug (buddhistischer Ausdruck, der einen Weg der religiösen Praxis beschreibt) – aufzubauen und zu stärken, damit wir auf die ewige geistige Natur in uns vorbereitet sind, also in das geistige Sein erwachen.

Unsere geistige Natur ist feiner, dehnbarer, durchdringender, höher schwingend, leichter als die physische Form unseres Körpers. Sie lässt uns lebendig sein, steuert unsere Gedanken, Handlungen, Gefühle etc. und wirkt immerfort, solange wir leben. Sie spricht zu uns in Träumen, Visionen, Bildern, Farben, Klängen, Mustern, Gerüchen, Zeichen und Symbolen. Unsere geistige, träumende Natur wirkt stetig in unserer inneren Welt, während wir uns äußerlich mit anderen Dingen beschäftigen. Unsere geistige Natur – unser träumendes Sein – können wir aktiv und bewusst erfahren, stärken und aufbauen.

Traumkraft ist Schöpferkraft.
Kraft unserer Träume und Visionen können wir
Realität erschaffen und manifestieren.

Die Aufgaben des Traums

Der Traum hat verschiedene Aufgaben, er dient …

- der seelischen Aufarbeitung des Tagesgeschehens,
- der Verarbeitung von Konflikten,
- der Wiederherstellung unseres seelischen Gleichgewichts,
- der Artikulation von unerledigten Problemen mit dem Ziel, für diese Lösungen zu finden,
- der Offenbarung verdrängter Aspekte,
- der Entfaltung unserer Persönlichkeit und unseres verborgenen Potenzials,
- der Erlösung von Karma und der Erschließung tiefer seelischer Schichten,
- der Befreiung von inneren Fesseln,
- der Manifestation unserer selbst sowie
- dem geistigen Erwachen.

Träumen ist ein wahrhaft sinnvoller Vorgang und für den Wachzustand von großer Bedeutung wie Volksweisheiten wie »Eine Nacht über ein Problem schlafen«, »Die Antwort im Schlaf finden« u. Ä. belegen, zumal wir einiges über unsere seelische Befindlichkeit erfahren können. Der Trauminhalt wird als Teil der Seele aufgefasst, der über die Traumbilder zu uns spricht. Er führt uns in der Realität: So leitet uns der Traum von Erlösung auf den Pfad der Erleuchtung, der Traum von Führung lenkt uns zu einer Führungsposition im Leben. Aber auch Albträume können uns führen: Der Traum von Mangel z. B. führt uns in die geistige und physische Armut.

Zeichen senden

In der alltäglichen Wirklichkeit sendet unsere träumende Natur uns Zeichen, Botschaften und Boten, z. B.:

- körperliche Signale
- Aufschriften auf Autos und Lastwagen, an Baustellen, auf Schildern o. Ä.
- Plakatwände, Internetanzeigen und andere Formen von Werbung
- Fernseh- und Radiobotschaften
- Bücher und Zeitschriften
- Tiere, Pflanzen und Menschen auf unserem Weg
- Zahlen, Farben und Symbole

Spiegelung der inneren Realität

Durch unsere träumende Natur erfahren wir unsere Umwelt so, wie wir sie empfinden. Geht es uns gut, so strahlt unsere Umgebung. Geht es uns schlecht, so sieht alles grau aus. Wir schaffen Realität. Unsere innere Realität, unsere innere Aufmerksamkeit, erschafft äußere Umstände. Schwingung strahlt Energie aus und findet ihren Widerklang im Universum. Erfolg zieht Erfolg an. Liebe zieht Liebe an. Glück zieht Glück an. Der Verstand ist das Notenblatt, das Herz die Schwingung.

Aufarbeitung des Alltagsgeschehens – Reflexion

Im Traum wird materielle Substanz (Erfahrungen, die wir im Wachzustand gemacht haben) in Lichtsubstanz (Erinnerungen) umgewandelt, ganz so wie eine Kerze durch das Feuer Wachs verbrennt und in Licht wandelt.

Reinigungs- und Läuterungsprozess

Im Schlaf erholen wir uns von den Eindrücken und Erfahrungen des Alltags. Dann beginnen auf allen Ebenen Reinigungsprozesse. Unser Körper fängt an, zu entgiften. Parallel dazu versucht unsere Seele – die feinstoffliche Natur unseres Seins –, das innere Gleichgewicht im Traum wiederherzustellen. Im Traum kann das Tagesgeschehen verarbeitet und als Erfahrung integriert werden. Seelenerlebnisse, Erschütterungen und Einschnitte werden dabei bewältigt.

Einweihung

Durch das Träumen können wir Erkenntnisse über das Leben gewinnen. Wenn wir uns der spirituellen Praxis widmen und Energie aufbauen, werden wir in unseren Träumen entsprechende Erfahrungen machen. Sie zeigen uns an, ob unsere spirituelle Entwicklung voranschreitet. Wir können lernen, unser Leben durch das Träumen lichtvoll zu verändern. Auch ist das bewusste Wahrnehmen der Träume und, mit ihnen zu arbeiten, der erste Schritt zur Entwicklung unseres Geistkörpers, unserer wahren Natur.

Aufbau des Diamantkörpers, Hauchkörpers – unser Zweites Gesicht

Durch die Traumpraxis können wir unseren Hauchkörper – auch Diamantkörper, diamantenes Fahrzeug, Zweites Gesicht, Auferstehungskörper … genannt – aufbauen. Wir alle tragen den Samen des Lichts, den göttlichen Funken in uns. Deshalb besteht unsere Aufgabe darin, durch einen aktiven, nach innen gerichteten Prozess den Diamantkörper zu entwickeln.

Wenn du eine Zeit lang mit deiner Traumebene gearbeitet hast, ist die nächste Stufe, bewusst in deinen Träumen zum Akteur zu werden. Du kannst Ereignisse verändern, verbessern und von dieser Ebene aus steuern. Bitte die Wesen der höheren Ebene, dich zu lehren. Werde zum Meister, zur Meisterin deiner Träume, und erkenne die Möglichkeiten, die in ihnen verborgen liegen. Mithilfe von Aufgestiegenen Meistern und Meisterinnen wie Lady Leto kannst du das Zweite Gesicht in dir erwecken und über die inneren geistigen Ebenen und Traumebenen heilsam wirken.

Aufbau von Heilenergie

Im Traumzustand kann der Geist in astrale oder höhere Dimensionen reisen, Heilung erfahren, aufgeladen werden und Botschaften empfangen. Wenn wir unseren Diamantkörper kennengelernt haben, ihn aufbauen und kontinuierlich durch Übung und Praxis mit Energie versorgen, wenn wir beginnen, zu erwachen, dann sind wir in der Lage, diese geistige Energie, das Lebensfeuer, das Schöpfungsfeuer, zu nutzen, um auf den großen Wellen des Lebens zu reiten. Mit dieser Energie können wir geistig heilen, uns an vielen Orten materialisieren und die geistige Energie auf lichtvolle und bewusste Weise lenken.

Eins werden

Ziel ist es, mit der universellen Energie eins zu werden. Im Traum erwachen wir im ewigen Leben. Es spielt dort keine Rolle, ob wir physisch da sind oder nicht. So kann das Träumen ein hoher Einweihungsweg in das eigene Erwachen sein.

Der Unterschied zwischen Traum und Wirklichkeit

In der Materie unterliegen wir mit unserem physischen Körper physikalischen Gesetzmäßigkeiten. Die Materie schwingt dicht und langsam. Hier gibt es Zeit, Raum, Ort, Maß, Gewicht, Schwerkraft, Grenzen, Formen – Gegebenheiten, an die wir gebunden sind. Bestimmte Dinge erscheinen möglich und machbar, andere wiederum unmöglich.

Während des Träumens jedoch bestehen andere Gesetzmäßigkeiten als im Wachzustand. Im Traum ist alles möglich, es existieren keine Einschränkungen. Im Geiste ist alles möglich, und im Traum herrscht unsere geistige Natur. Sie wirkt jenseits der physikalischen Gesetze, folgt allein den geistigen. Im Traum gehen wir mit unserer Energie in Resonanz.

Schwingung und Dichte

Alles ist eins. Alles ist möglich.
Alles schwingt – alles ist in Bewegung.

Nichts ist in vollkommener Ruhe, alles ist ständig in Bewegung und verändert sich. Im Traum können wir uns von jetzt auf gleich an andere Orte bewegen, Szenen können schlagartig wechseln, parallel laufen und sich von einem Augenblick zum anderen auflösen. Wir können Schwingungsmuster, Bilder und Formen wahrnehmen. Wenn wir im Traum versuchen, eine Tür zu öffnen, kann es passieren, dass wir mit unserer Hand durch die Türklinke greifen. Wir können durch Wände und Gegenstände gehen, durch Decken und festen Boden fallen. Dinge können sich blitzschnell verdichten oder auflösen. Bewegung kann statisch sein, Ruhe kann bewegt sein.

Im Traum finden wir uns im Feld unserer Energie wieder: Je nachdem, wie viel Energie wir haben, erleben wir das Traumgeschehen mehr oder weniger intensiv. Der Traum spiegelt den Stand unserer Energie wider. Ist er durchdrungen von Klarheit, geschieht alles in logischer Reihenfolge, und sind die Geschehnisse schlüssig, so haben wir eine ausgezeichnete Energie – das zeugt von Gesundheit. Ist dagegen das Geschehen in unserem Traum verwirrend, unlogisch, chaotisch, dann tragen wir Leid in uns, das seelischer, geistiger und/oder körperlicher Natur sein kann.

Zeit und Raum

Im Traum lösen sich Zeit und Raum auf. Es gibt keine Vergangenheit, Gegenwart oder Zukunft, keine lineare Abfolge zeitlicher Geschehnisse. Objektive, messbare Zeit existiert nicht. Ereignisse können parallel, gleichzeitig und unvermittelt auftreten. Eine Sekunde kann eine gefühlte Ewigkeit dauern, und mehrere Leben können sich innerhalb von Sekunden abspielen. Wir können blitzartig den Ort wechseln, an verschiedenen Plätzen gleichzeitig sein, uns in anderen Zeitepochen wiederfinden, Dinge aus der Gegenwart, aus der Zukunft und aus der Vergangenheit träumen und einsehen. Zeiten sowie Räume, Parallelebenen und Zwischenwelten fließen ineinander. Wir können uns im Traum bewegen, sogar rennen, und gleichzeitig nicht vom Fleck kommen. Wir sind nicht an den Ort gebunden, an dem wir uns gerade befinden, sondern halten uns an geistigen Orten auf. Ist der Traum auf die Gegenwart oder gar Zukunft gerichtet, so bedeutet dies, dass wir präsent und bewusst sind – wir sind da.

Gravitation und Rotation

Schwerkraft und Rotation haben keinen Einfluss auf Träume. Wachen wir im Traum auf, so können wir anhand der Gravitation überprüfen, ob wir im Traumland wach sind, indem wir in die Luft springen: Im Traum werden wir nicht gleich wieder auf dem Boden landen – wir schweben, gleiten langsam zu Boden oder beginnen sogar, zu fliegen und uns weiter hinaufzuschwingen. Gegenstände können sich an jedem beliebigen Punkt in einem Raum befinden, sie sind nicht an die Schwerkraft gebunden. Drehen wir uns im Traum um die eigene Achse und bleiben schließlich stehen, entsteht oft der Eindruck, die Umgebung drehe sich in entgegengesetzter Richtung weiter oder wir würden uns um uns selbst drehen.

Farben

In Träumen können die Dinge andere Farben haben. Vielleicht treffen wir einen blauen Elefanten oder essen grünen Grießbrei. Die Farben können blass oder grellbunt sein, schimmern oder strahlen, je nachdem, in welchen Traumlandschaften wir uns aufhalten und wie es um unsere eigene Energie bestellt ist. Wir können z. B. alles in einer Farbe träumen, eine Farbe kann dominant wirken, oder Farben können in verschiedenen Dichten erscheinen. Wenn die Energie des Träumers, der Träumerin niedrig ist, können die Farben auch blass, grau oder schwarz-weiß erscheinen. Sind die Farben brillant, hell irisierend und von innen heraus leuchtend und klar, so zeugt dies von hoher persönlicher Energie.

Farben sind der Spiegel unserer Seele. Darüber hinaus können Farben für die verschiedenen Elemente stehen (Rot/Feuer, Gelb/Luft, Grün/Erde, Blau/Wasser, Weiß/Äther). Mehr Informationen zu den Farben und dazu, warum wir in Farbe träumen, findest du auf S. 58.

Farben sind nicht an die sichtbare Wirklichkeit gebunden, sondern an den energetischen Ausdruck und die Energie, die Ebenen und die Schwingungen der Seele.

Gestalt und Form

Geistige Energie kann sich von einem Zustand in einen anderen verwandeln.

Im Traum kann sich unsere Energie verändern und unsere Form sich auflösen und wandeln – ebenso wie Formen außerhalb von uns. Wir können riesengroß und klitzeklein werden. Außerdem ist es möglich, dass wir zu Stein werden oder dichte Formen durchdringen. Dinge können sich unvermittelt auflösen oder eine neue Gestalt annehmen, wir können uns in Tiere, Pflanzen oder andere Wesen verwandeln. Engel, fremdartige Geschöpfe, düstere Figuren … können in Erscheinung treten. Manchmal verschmelzen wir mit anderen Formen und Gestalten, werden eins mit ihnen, oder wir spalten uns auf und werden viele. Formen können für verschiedene Ebenen und Elemente stehen. So sind Formen des Feuers meist scharf, kantig, spitz, Formen des Wassers wellenförmig, fließend, rund, Formen der Erde quadratisch, eckig, fest usw.

Sprache und Ausdruck

Die universelle Sprache besteht aus Licht, Symbolen, Bildern, Gleichnissen und kann sich auf viele Arten ausdrücken.

Im Traum können wir mit allem sprechen, und alles kann zu uns sprechen, mitunter unvermittelt. Botschaften im Traum können telepathisch übermittelt werden oder uns direkt erreichen und sich körperlich ausdrücken, z. B. wenn wir im Traum von einer Schlange gebissen werden und morgens beim Aufwachen eine Schwere im Arm spüren … Vielleicht gelangen sie jedoch auch durch Symbole und Zeichen zu uns. Genauso aber kann es geschehen, dass wir im Traum sprechen, rufen oder schreien wollen, aber keinen Ton über die Lippen bekommen. Manchmal träumen wir auch in anderen Sprachen, auch solchen, die wir nicht beherrschen, ja, sogar in Sprachen, die es gar nicht gibt. Wenn wir länger in einem anderen Land sind, beginnen wir, in der Landessprache zu träumen, was ein Zeichen dafür ist, dass uns diese Sprache in Fleisch und Blut übergegangen ist.

Traum und Seele: Zugang zum Unbewussten

»Die stillen Geister begreifen das Wahre schneller,
gerade so, wie ein ruhiger See die Sterne
besser zurückstrahlt als ein Fluss.«

Théodore Simon Jouffroy, französischer Philosoph

In jedem Menschen gibt es weite, unbekannte und unerforschte Bereiche – das Unbewusste und die Sprache der Träume. Durch seine Träume lernt der Mensch, jene Kräfte besser zu verstehen, die die wahre Existenz ausmachen. Wenn er das Offenbarte begreift, erfährt er, woraus er sich zusammensetzt und wofür seine Kräfte gut sind.

Im Wachzustand wird die Tätigkeit der Seele größtenteils durch die Einwirkung der Außenwelt bestimmt. Unsere Sinneseindrücke bilden den Grundstoff für unsere Vorstellungen, die der Verstand miteinander in Zusammenhang bringt. Im Schlaf fallen die äußeren Eindrücke von uns ab, und wir verarbeiten die inneren, die Impressionen unserer Seele. Die Seele macht eine Bestandsaufnahme von dem, was sie zwischen zwei Ruheperioden erlebt hat. In der Ruhephase überprüft das Unterbewusste, was tagsüber das Bewusstsein passiert hat, und schickt uns dann in Form von Träumen die Botschaften oder Warnungen, die es für nötig hält. In unseren Träumen können sich die physischen Probleme unseres Körpers widerspiegeln. Dann finden Selbstbeobachtung, psychische Wahrnehmung und geistige Führung in uns statt.

Der Traum ist oft der sicherste und schnellste Weg, den Sinnen nicht zugängliche Wahrnehmungen zu erfahren, und zwar unter Mitwirkung unseres eigenen Unterbewusstseins. Telepathie, Hellsehen und Vorausschau sind in der Traumwelt gang und gäbe, sie bedürfen jedoch der richtigen Deutung.

Für das Unterbewusstsein, wie auch für die Geistige Welt, gibt es keine Vergangenheit oder Zukunft – alles ist gegenwärtig. Im Traumzustand, in dem Körper und Geist verhältnismäßig ruhig sind, entsteht der beste Kanal für psychische Botschaften. Die Seele kann nicht zerstört werden, sie ist Energie. Sie lebt weiter, auch nach dem Tod des physischen Körpers. Nach einer Zeit der Reinigung und Läuterung kann sie sich Angehörigen und Freunden, die sie auf der Erde zurückgelassen hat, über den Traum wieder zuwenden.

Traum und Energie: Wie Träume entstehen

Der Traum ist der Stoff,
aus dem das Seelenkleid gewebt wird.
Dieses entsteht immer wieder neu, verändert sich und
reflektiert in uns das Licht – den göttlichen Schein –
in all seinen Facetten.

Der Traum ist ein Spiegelbild unseres eigenen Bewusstseins. Alle Erfahrungen, die wir im Wachzustand oder im Traum machen, haben eine energetische Basis. »Lebensenergie« heißt auf Tibetisch »Lung«, doch der Sanskritbegriff »Prana« ist besser bekannt, ebenso das chinesische »Chi«.

Der Traum spiegelt unsere geistige Energie wider. Haben wir viel davon, so sind unsere Träume klar, und wir können im Traum hohe Daseinsebenen erreichen. Verfügen wir über wenig Energie, so bewegen wir uns auf niederen Ebenen, die im Traumgeschehen sehr unterschiedlich widergespiegelt werden. Für das Erwachen im Traum brauchen wir viel Energie, und diese müssen wir aufbauen – dazu später mehr.

Die sexuelle Energie im Wurzelchakra ist zugleich die Lebensenergie, die unsere Träume beeinflusst. Im Schamanismus ist es wichtig, sie vollständig zu heilen und zu entwickeln, um sie bewusst und richtig lenken zu können.

Wie entstehen nun Träume? Bewusstsein und Bewegung erzeugen Träume, Bewegung ist Leben. Wenn wir wach sind, befinden wir uns in einer grobstofflichen Welt, im Traum gehen wir in eine feinstoffliche. Um das zu verstehen, sind einige Grundkenntnisse von unserem Energiesystem erforderlich.

Die gesamte Existenz besteht aus **fünf Elementen:**

Feuer	=	Hitze und Geschwindigkeit
Wasser	=	Flüssigkeit und Nässe
Erde	=	Form und Stabilität
Luft	=	Gefühl und Bewegung
Äther	=	Raum und Leere

Das Element Äther enthält alle vier Elemente, weshalb es häufig nicht erwähnt wird, außerdem ermöglicht es dem Wind (Energie, Chi, Prana …) da zu sein. Die vier Elemente, Feuer, Wasser, Erde und Luft, haben jeweils drei Qualitäten: Wind – Bewegung – neutral. Es gibt subtile Winde und raue Winde, subtile Winde entstehen im Denken und raue Winde durch physische Arbeit.

Wir haben verschiedene **Energiekanäle,** die mit den Elementen und mit unterschiedlichen Organen verbunden sind. Wenn wir sterben, löst sich unsere Energie, die sich als Licht und Farbe zeigt, in die Elemente auf. Unsere Emotionen und unsere energetische Schwingung bestimmen dabei die Licht- und Farberfahrungen.

Wir haben grobstoffliche Kanäle, z. B. Nerven, Blut- und Lymphgefäße, und feinstoffliche, die physisch nicht zu lokalisieren sind, derer wir aber gewahr werden können. Zu letzteren zählen die Akupunkturpunkte, die Meridiane, außerdem die sieben Hauptchakras als energetische Knotenpunkte, an denen viele Kanäle zusammenlaufen, weiterhin 22 Nebenchakras, die miteinander in Verbindung stehen, und 33 Nebenkanäle. Darüber hinaus gehören drei Hauptleitungen oder Wurzelkanäle dazu, die durch die Wirbelsäule verlaufen. Die drei Wurzelkanäle, durch die die subtilen Winde auf- und absteigen, sind:

- der neutrale Zentralkanal, der die Nondualität aller Erfahrungen symbolisiert (Wind),
- der rechte, »heiße« Kanal, der für die positive Energie (Yang) steht,
- und der linke, »kalte« Kanal, der für die Emotionen (Yin) steht.

Alle drei Wurzelkanäle sind mit den Hauptchakras verknüpft. Die **sieben Hauptchakras** – Wurzelchakra, Nabelchakra, Solarplexuschakra, Herzchakra, Kehlchakra, Drittes Auge, Kronenchakra – verbinden den ätherischen Körper mit dem physischen. Jedes Chakra hat ein bestimmtes Energiemuster und eine bestimmte Aufgabe. Die Chakra-Energie kann sich entfalten und schließen wie eine Blüte. Wir können sie in der Meditation erfahren und erfühlen, dabei kann die Wahrnehmung sehr unterschiedlich sein.

Das Träumen ist ein fließender Prozess, Bilder schieben sich im Traum in- und übereinander. Wenn wir träumen, bewegt sich die Energie durch verschiedene Chakras und Energiebahnen – meist dorthin, wo Dinge aus unserem Leben energetisch verankert sind, die besonders viel Aufmerksamkeit und Heilung bedürfen, und wo Energiepunkte blockiert oder verspannt sind.

An unseren Traumbildern können wir ablesen, wie es um unsere Elemente, Organe, Emotionen und andere Bereiche steht. Sie lassen uns auch unsere Befindlichkeit und sich ankündigende Krankheiten, Krankheitsverläufe, Heilungsprozesse oder den herannahenden Tod eines Menschen erkennen.

Die Basis für unsere Träume sind unser Körper mit seinen Sinnen und unsere Seele. Stellen wir uns unseren Körper als Haus vor: Am Tag sammeln wir zahlreiche Eindrücke über unsere Sinne – Sehen, Riechen, Schmecken, Hören, Tasten – und über unser Bewusstsein, das Gefühle und Empfindungen speichert. Des Nachts verschließen wir dann die Tür nach draußen, und das, was wir in unserem Haus angesammelt haben, beginnt zu wirken. Je mehr Emotionen sich in einer Sache aufbauen, desto mehr Raum nimmt dies in unserem Heim ein.

Wenn wir träumen, schalten wir die Außenwelt aus und die Innenwelt an. Für einen Moment befinden wir uns jenseits der dualistischen Welt. Alles verschmilzt miteinander, es gibt keine Trennung mehr, alles ist eins. Im Schlaf zieht sich der Geist aus der Welt der Sinne zurück. Das, was wir an Eindrücken des Tages in unserem Bewusstsein gespeichert haben, zeigt sich uns im Traum.

Emotionen nehmen im Traum mehr Raum ein als im Tagesgeschehen. Je stärker eine Begebenheit durch Emotionen geprägt ist, desto tiefer ist der Abdruck in unserer Matrix, im Licht unseres Seelenkleides, und desto nachhaltiger wirkt er. Wenn nun also die Türen zur äußeren Welt geschlossen sind, so beginnen die im Inneren hinterlassenen Eindrücke, auf neue Weise Gestalt anzunehmen. Die Erinnerungen, Emotionen und Eindrücke, die wir gesammelt haben, plus das, was wir uns bisher nicht angesehen haben, was in unserem Unterbewusstsein gespeichert ist, beginnt des Nachts, in einer selbstständigen Bewegung durch unsere feinstofflichen Energiekanäle zu wandern. Es versucht, das innere Gleichgewicht wiederherzustellen und tiefgreifende Eindrücke zu verarbeiten.

Die Eindrücke fließen zuerst ins Herz- und ins Nabelchakra, die feinstofflichen Energiezentren im Herzbereich und unterhalb des Nabels. Das Nabelchakra ist das Zentrum unserer Kraft, der heilige Raum in unserem Inneren. Das Herzchakra ist der Hort der Liebe – für uns selbst und für andere. Von dort aus steigt die Energie durch die feinstofflichen Energiekanäle und -zentren bis ins Halschakra auf. Erreicht sie das Halschakra, so beginnen wir, zu träumen – Bilder und Gefühle entstehen und werden verarbeitet.

Die meisten Träume basieren auf Erinnerungen. Erinnerungen an alles, was in unserer Seele gespeichert ist – ob bewusst oder unbewusst, ob aus diesem Leben oder früheren, ob aus dem individuellen Erleben oder aus dem, was sich in Kollektivenergiefeldern bewegt. Es gibt Träume, die sich auf die Gegenwart beziehen, und Träume, die in der Zukunft spielen.

Unsere Emotionen stehen am intensivsten mit dem Träumen in Verbindung. Sie wandeln sich am langsamsten. Alle Emotionen sind immer in jedem Menschen vorhanden – doch oft lassen wir sie nicht zu, sie schlafen dann. Im Traumkörper werden schlafende Emotionen geweckt, wenn wir sie zu lange unterdrückt haben. So bekommen wir eine Möglichkeit, unsere Emotionen zu kanalisieren, und können das Gleichgewicht unserer Seele wiederherstellen.

Je mehr wir unsere Traumpraxis vervollkommnen, desto klarer werden unsere Träume. Wir lernen, über das Halschakra in unsere Träume einzusteigen, und können dann hilfreich und heilsam in das Geschehen eingreifen. Das Halschakra ist die Tür des Traumyoga (siehe S. 210). Bei dieser Praxis versuchen wir bewusst, durch eine Tür in das Innere unseres »Hauses« zu gelangen. Dann können wir zum Beobachter und schließlich zum Handelnden werden.

Eine der Hauptaufgaben des Traums ist es, unser seelisches Gleichgewicht wiederherzustellen.

Traumerfahrungen bewegen sich nach einem bestimmten Rhythmus, den ich im Kapitel »Was passiert, wenn wir schlafen« (ab S. 131) genauer erläutere. Die subtilen Winde oder die feinstoffliche Energie fließen überall im Körper. Auch während wir schlafen, bewegt sich diese Energie, und daraus entsteht die Traumhandlung. Steigt sie beispielsweise nach oben, so klettern wir im Traum auf einen Berg, fahren Aufzug, fliegen oder wirbeln nach oben. Sinkt sie nach unten, fallen wir, gehen eine Treppe hinunter. Fließt sie in die Ohren, hören wir Töne und Sequenzen. Strömt sie in den Bauch, spüren wir die dort angesammelten Emotionen, usw.

Wenn wir geträumt haben, so können wir das beim Aufwachen manchmal körperlich spüren: Wir haben dann an bestimmten Stellen Schmerzen. Dabei handelt es sich um Blockaden, die sich so bemerkbar machen. Deshalb ist es wichtig, beim Aufwachen die Stimmung wahrzunehmen und in den Körper hineinzuspüren. Denn wenn die feinstofflichen Kanäle blockiert sind und die Energie sich dort staut, entstehen Schmerzen und letztlich Krankheiten.

Traum und Chakras: Warum wir in Farbe träumen

Träume sind in den allermeisten Fällen farbig, wobei Frauen häufiger in Farbe träumen als Männer. Wie ist es nun möglich, in Farben zu träumen? Dafür gibt es mehrere Erklärungen.

Zum einen ist das Bewusstsein kristallin und klar, deshalb kann es alle Farben reflektieren. Zum anderen spiegeln die fünf Elemente und die sieben Hauptchakras, die bestimmten Bewusstseins- und Schwingungsebenen zugeordnet sind, das Licht in verschiedenen Farbfrequenzen wider, je nach Schwingung und Schwingungsbereich. So hat auch das Energiefeld, das den Menschen umgibt (die Aura), eine eigene subtile Farbstrahlung, die von hellsichtigen Menschen wahrgenommen werden kann.

Zum Träumen brauchen wir Energie. Je höher sie schwingt, desto reiner, heller und klarer leuchten und strahlen die Farben im Traum. Je niedriger sie schwingt, desto trüber, dumpfer, dunkler und matter sind die Farben. Die Hauptfarben der Elemente (Grün/Erde, Gelb/Luft, Rot/Feuer, Blau/Wasser, Weiß/Äther) und der Chakras (Rot/Wurzelchakra; Orange/Nabelchakra; Gelb/Solarplexuschakra; Grün und Rosa/Herzchakra; Türkis und Hellblau/Kehlchakra; Indigo und Dunkelblau/Drittes Auge; Violett und Weiß/Kronenchakra) können wir in Träumen miteinander kombinieren. Je nachdem, wo und wie die subtile Energie in unserem Energiefeld fließt, entstehen die Farben der verschiedenen Entsprechungsebenen.

Zudem hängt es von den involvierten Emotionen und Elementen ab, welche Farbschwingungen in den Träumen vorherrschen: **Feuerträume** (Energie, energetische Ebene) sind oft hell, rot, orange, grell auf dunklem Grund, blitzend. **Luftträume** (Gedanken, Ideen, mentale Ebene) sind hellblau, gelb und eher ruhig. **Erdträume** (Materie, Körper, physische Ebene) sind kräftig grün, braun, violett. **Wasserträume** (Gefühle, emotionale Ebene) sind grau, silber, dunkelblau, türkis, blau, grün. Träumen wir in Schwarz-Weiß, so kann dies auf lang verblasste Erinnerungen hinweisen oder darauf, dass wir momentan über sehr wenig persönliche Energie verfügen. Weitere Bedeutungen von Farben findest du im Kapitel »Deutung von Traumsymbolen«, ab S. 144.

HIER EINE KLEINE ÜBUNG ZU DEN FARBIMPULSEN:

Schließe deine Augen. Atme ein paarmal tief ein und aus, und spüre, wie du langsam zu dir kommst. Welche Farben nimmst du vor deinem inneren Auge wahr? Übe mit Daumen und Zeigefinger etwas Druck auf deine Augenlider aus. Nach kurzer Zeit beginnen Muster und Farbimpulse zu schwingen, die je nach persönlicher Energie und Umgebung sehr unterschiedlich sein können. In ähnlicher Weise nehmen wir die Farben im Traum wahr.

Traumarten und ihre Erkennungs-merkmale

Wie wir im Kapitel »Der Unterschied zwischen Traum und Wirklichkeit« (siehe S. 44) erfahren haben, setzt sich das Traumgeschehen über Grenzen, Zeit, Raum und Naturgesetze hinweg. Träume ermöglichen uns Welt- und Zeitreisen, Begegnungen mit Verstorbenen und Feinden, verleihen anderen Lebensformen Sprache und Ausdruck und können den Träumenden mit besonderen Kräften versehen, mit denen er sein Schicksal ändern kann.

Wir alle sind miteinander verbunden und vernetzt. Dort, wo intensive emotionale Bindungen bestehen, wie in Familien, Partnerschaften, Freundschaften, Feindschaften ..., existiert ein mal mehr, mal weniger stark ausgeprägtes emotionales Band. Über dieses können wir im Traum mehr erfahren, als wir in der Realität sehen wollen. So kann der Traum Geheimnisse ans Licht bringen und uns zeigen, wie es tatsächlich um eine Angelegenheit steht. Sind wir in der Traumpraxis geübt, kann er aber auch die Lösung und die Heilung einer Situation aufzeigen und das, was dazu getan werden muss.

Wird z. B. ein Mensch betrogen, so spürt dies der Teil seiner Seele, der mit dem anderen verbunden ist. Der Betrug kann sich im Traumgeschehen zeigen. Genauso kann es sein, dass, wenn ein geliebter Mensch sich weit entfernt an einem anderen Ort aufhält, wir von ihm träumen und dabei sehen, wie es ihm geht. Auch Hilferufe von diesem können im Traum übertragen werden, geplante heimliche Handlungen können aufgedeckt werden. In solchen Fällen ist es gut, den Traum aufzuschreiben und ihn eventuell dem anderen zu erzählen und nachzufragen. Auf diese Weise können wir überprüfen, was es mit der Aussage in unserem Traum auf sich hat, und ein Gespür für unsere Intuition entwickeln: Ist unser Traum eher eine Widerspiegelung unserer Ängste, oder zeigt er uns etwas, was gesehen und beachtet werden will?

Im Traum kehren wir zur Einheit zurück. Im Netz des Lebens ist jeder von uns mit allem anderen verbunden. Das, was uns beeinflusst, das, was wir in uns hineinlassen, die Bindungen, die wir geknüpft haben, all das hat Einfluss auf unsere Träume.

Es gibt verschiedene Traumarten – Erinnerungsträume, Albträume, Wunschträume, prophetische Träume ... Schauen wir uns nun die verschiedenen Träume und ihre Eigenschaften genauer an.

Kathartisch-samsarische Träume

»Der hat die Lehren des Lebens
nicht begriffen,
der nicht täglich eine Angst
überwindet.«

Ralph Waldo Emerson, amerikanischer Dichter

Die Hauptaufgabe des Träumens ist es, das seelische Gleichgewicht wiederherzustellen. »Kathartisch« stammt vom griechischen Wort »katharsis« ab, zu deutsch »Reinigung«, »samsarisch« leitet sich von dem Sanskritwort »samsara« ab, was wörtlich »beständiges Wandern« bedeutet. Das Samsara steht für den Zyklus des Seins, den Kreislauf von Vergehen und Werden, in dem wir herumirren und der im buddhistischen Weltbild als von Leid bestimmt betrachtet wird.

Kathartisch-samsarische Träume dienen der Läuterung der Seele, der Aufarbeitung des Tagesgeschehens bei Nacht, dem Sich-Befreien von seelischen Konflikten und inneren Spannungen. Wie schon im Kapitel »Traum und Energie: Wie Träume entstehen« (siehe S. 52) erwähnt, hinterlassen Erlebnisse, die starke Emotionen hervorrufen, die tiefsten Abdrücke in unserem Seelenkleid. Im Traumgeschehen versuchen wir, uns von diesen Abdrücken zu reinigen, sie zu wandeln und aufzuarbeiten, um unser inneres Gleichgewicht wiederherzustellen. Dies ist die häufigste Art des Träumens: Sie hilft uns, unseren Alltag zu verarbeiten und mit unserem inneren Leid fertigzuwerden.

Der kathartisch-samsarische Traum hat nicht viel eigene Energie. Er spiegelt unsere Sorgen, Ängste, unterdrückten Gefühle und Gedanken wider und bewegt sich zwischen Alltag und Albtraum.

Nach einem erfüllten Arbeitstag fallen wir oft ins Bett, ohne die Geschehnisse des Tages reflektiert zu haben. Die Zeit des Träumens wird dann entweder dazu verwendet, den Alltag aufzuarbeiten oder mehr von dem zu produzieren, was wir erlebten, wie in einem Hamsterrad. Oft werden wir nach solch einer Nacht nur mühsam wach und haben nicht das Gefühl, uns erholt zu haben. Wir erinnern uns so gut wie gar nicht an unsere Träume, es interessiert uns auch nicht weiter – wir schlafen am Tag und bei Nacht. Für viele bleibt der Inhalt ihrer Träume im Unterbewusstsein verborgen. Häufig tritt er nur bruchstückhaft zutage, erweist sich als verschlüsselt, das Geschehen ist chaotisch und nicht einfach zu deuten.

Es kann sein, dass wir uns am Tag, obwohl wir uns ungerecht behandelt fühlen, fügen und liebenswürdig bleiben, obwohl wir unserem Ärger gern Luft machen würden. Im Traum aber verfolgen wir die Person, die uns unrecht getan hat, mit einem Messer und wollen sie umbringen. Dann erschrecken wir über uns selbst und über das, wozu wir im Traum fähig sind. Doch es sind Traumhandlungen dieser Art, die das seelische Gleichgewicht wiederherstellen. Sie sollten eher als Metapher verstanden werden. Wenn wir uns an Träume dieser Art erinnern und uns mit ihnen beschäftigen, können wir die Zeichen und die Botschaften, die sie uns senden, deutlich als Wegweiser erkennen.

Merkmale des kathartisch-samsarischen Traums

- Wir können in allen Sphären unterwegs sein.
- Der Traum ist oft chaotisch, verwirrend, absurd bis verstörend.
- Das Geschehen ist häufig stark symbolisch.
- Die Bilder erscheinen in wechselnder Farbgebung, dabei sind alle Farben und Schattierungen möglich.
- Die Handlungen sind unzusammenhängend, unlogisch und folgen keinem erkennbaren Aufbau.
- Der Traum ist selten wiederkehrend oder dauerhaft bleibend.
- Das Geträumte wird oft nicht erinnert und bleibt meist unbewusst.
- Wenn wir uns an Traumgeschehnisse erinnern, empfinden wir sie als unwirklich. Manchmal erschrecken oder erstaunen sie uns, sie werden aber nie als real empfunden, sondern eher als seltsame Begebenheiten.

- Nach einem solchen Traum fühlen wir uns oft nicht erholt, sondern haben das Gefühl, wir hätten ununterbrochen im Hamsterrad gestrampelt.
- Diese Träume spielen oft in der Vergangenheit oder sind durchsetzt und gefärbt mit eher leidvollen Erinnerungen an vergangene Zeiten.

Angstträume, emotional intensive Träume – Vorstufen zu Albträumen

Zu Träumen dieser Art kann es kommen, wenn wir am Tag körperliches oder seelisches Leid erfahren haben, an körperlichen Schmerzen leiden oder wenn wir uns selbst etwas vormachen. Enttäuschungen, Trennung, Vertrauensbrüche, Krankheiten, Tod, Verlust, unbewusste Eifersucht, Neid, versteckte Wut, Ohnmacht und Hass können sich in solchen Träumen durch heftiges bildhaftes Geschehen befreien. Der Unterschied zu Albträumen ist jedoch, dass das Erlebte schnell überwunden ist und nach der seelischen Verarbeitung über die Traumebene nicht wiederkehrt, denn es ist meist an die aktuelle Situation und den dadurch ausgelösten Schmerz im Tagesgeschehen gekoppelt. Im Schlaf können sich die durch das Tagesgeschehen geweckten Schmerzen und Emotionen entladen. So befreit sich die Seele und verarbeitet das Leid.

Begierdeträume

Der Begriff des Begierdetraums ist von dem griechischen Philosophen Platon geprägt worden. Platon vertrat die These, dass Menschen im Traum das tun, was sie in der Realität nie wagen würden (fremdgehen, morden, freveln …). Daraus folgte für ihn, dass schlechte Menschen in der Realität das ausführen, wovon gute nur träumen.

Erinnerungsträume

In dieser Art Träume erleben wir vergangene Ereignisse nach, wir erinnern uns an das, was wir erfahren haben, und zwar in einer einzigartig subjektiv eingefärbten Art und Weise.

Fall- und Flugträume

Wenn wir im Traum fallen oder sinken, steht dies für Dinge im Unterbewusstsein, die geklärt werden wollen. Derartige Träume vermitteln uns, dass wir auf dem Boden bleiben und in unserer gegenwärtigen Lebenssituation vorsichtig und achtsam vorgehen sollen, da es Aspekte gibt, die sich uns noch entziehen.

Das Fliegen im Traum steht hingegen für Freiheit und Grenzenlosigkeit. Solche Träume zeigen uns neue Möglichkeiten und Wege an, die wir bisher noch nicht bedacht haben, und verweisen auf unsere spirituell-geistige Natur, die weit und grenzenlos ist. Es gibt mehr zwischen Himmel und Erde, als wir gemeinhin glauben, darunter auch Wege, die wir noch nicht in Erwägung gezogen haben. Um sie zu finden, können wir uns an die Engel und unsere geistige Führung wenden.

Erotische Träume

Da es im Traum weder Normen noch Grenzen oder Tabus gibt, können erotische Träume oft sehr ausschweifend sein und alle möglichen absurden Elemente enthalten. Dabei werden unterdrückte, zurückgehaltene Gefühle und Instinkte entfesselt und entladen sich. Beim Aufwachen kann dies für ein Gefühl von Peinlichkeit und Scham sorgen. Dennoch ist es wichtig, den Inhalt des Traums und seine Botschaft zu entschlüsseln, denn oft zeigt er uns, was uns fehlt, wie es um unser Liebesleben bestellt ist und was wir darüber erfahren sollten.

Tier-, Ungeheuer- und Reptilienträume

Tiere im Traum haben im Allgemeinen symbolhaften Charakter und zeigen die momentan wirkende instinktive Kraft in uns. Urtümliche Tiergestalten wie Echsen, Krokodile, Dinosaurier und Fabelwesen, z. B. Drachen, (geflügelte) Einhörner, gehören nach C. G. Jung zu den Urbildern (Archetypen) unserer Seele. Sie stehen mit den universalen Bauplänen in Verbindung, die jeder Mensch in sich trägt und die in jedem wirken. Sie versinnbildlichen die instinkthafte, urtümliche, wilde und meist unterbewusste Seite in uns, wobei weibliche und männliche Tiere voneinander zu unterscheiden sind. Wichtig ist, wie das Tier auftritt und sich zeigt. Aggressive, wilde Tiere wie Ungeheuer, Drachen und Krokodile können z. B. für unsere männliche Seite stehen. Sie können bevorstehenden Streit oder Krieg ankündigen und auf fehlenden Schutz, starke unerlöste Gefühle u. Ä. hinweisen. Kleine Tiere wie Ameisen, Fische, Bienen können für unsere Zellstruktur stehen, außerdem für Muster, die aufzulösen oder umzustrukturieren sind.

Warnträume

Es gibt Träume, die uns warnen und z. B. Krankheiten ankündigen. Warnträume sind meist sehr eindringlich, und bestimmte Elemente darin sind oft in Signalfarben getaucht (ein rotes Warndreieck, rote Kleider, eine rote Tür) oder extrem hervorgehoben (wilder Wellengang, ein Bad mit unzähligen Haien), außerdem werden die Emotionen intensiv angesprochen. Beim Aufwachen können wir uns oft noch an diese starken Elemente und die Gefühle, die sie in uns hinterlassen haben, erinnern. Häufig fehlt uns jedoch der Schlüssel zur Symbolik unseres Traums. In diesem Fall können Traumdeutungsbücher, Gespräche und Fragen zu unserer momentanen Lebenssituation helfen, die erhaltenen Botschaften zu verstehen.

Albträume/Nachtmare

Albträume sind Hilferufe der Seele. Sie veranschaulichen in drastischer Form die seelische und gefühlsmäßige Befindlichkeit sowie verdrängte Erfahrungen und Gefühle. Wenn wir bereit sind, uns ihnen zu stellen, können wir durch die Auseinandersetzung mit ihnen im Unterbewusstsein verborgene Wunden in uns heilen und qualvolle Träume in eine Quelle der Kraft für uns wandeln.

Albträume haben angst- und panikauslösende Inhalte. Dazu gehören z. B. Katastrophen, Tod, Verfolgung, Einbruch … Albträume können wiederkehrende Horrorszenarien bescheren, in denen die Seele versucht, schmerzliche Erlebnisse zu verarbeiten oder sich auf dramatische Ereignisse vorzubereiten, indem sie im Vorfeld eine Lösung sucht. Ursachen von Albträumen sind oft unverarbeitetes Tagesgeschehen, Stress, psychische Probleme und verdrängte traumatische Erfahrungen wie Missbrauch, schwere Krankheit, das Gefühl, nicht gewollt zu sein, oder der Tod eines geliebten Menschen.

Albträume treten normalerweise in der zweiten Nachthälfte, zwischen Mitternacht und den Morgenstunden, auf. Im Traumzyklus ist diese Phase dem Feuer und der Wandlung zugeordnet (siehe S. 136). Sie endet meistens mit einem Aufschrecken, nach dem wir uns an die heftigen Situationen im Albtraum erinnern. In der Regel sind wir sofort wach und anwesend, es kann jedoch auch passieren, dass wir aufwachen und uns nicht bewegen oder sprechen können. Das kann bedeuten, dass das Zweite Gesicht, unser feinstofflicher Körper, auf Reisen gegangen und noch nicht wieder vollständig zurückgekehrt ist (siehe auch »Astralprojektion«, S. 101, und »Astralkatalepsie«, S. 104). Keine Panik, dies gibt sich nach einer Zeit des Ausharrens.

Eine Methode, mit Albträumen zu arbeiten, ist, das Erlebte am Tag bewusst in einen guten, heilvollen Kontext zu stellen und dann zu versuchen, die vorgegebene Richtung durch Klarträumen im Traumgeschehen weiterzuverfolgen (siehe »Traumpraxis: Klar- oder Wachträume«, S. 201).

An dieser Stelle möchte ich das Thema »Seelenverlust« ansprechen. Die Voraussetzung dafür, in den Vollbesitz seiner Kräfte und Energien zu gelangen, ist eine vollständige Seele. In Not- und/oder Schocksituationen, z. B. nach einem erschütternden Erlebnis wie einem Missbrauch, einem Unfall, dem Tod eines geliebten nahestehenden Menschen, Betrug und/oder Verrat, Missachtung unserer Fähigkeiten und unserer spirituellen Natur, enormem psychischem Druck oder Ungerechtigkeit, die nicht ausgesprochen werden kann, kann sich ein Teil der Seele abspalten. Dadurch wird das Licht unserer Seele heruntergedimmt, sodass wir trotz und mit dieser seelischen Verletzung gut weiterleben können.

Allerdings lassen wir statt »Vollstrom« nur noch einen Teil des Lichts durch uns hindurchfließen. Uns fehlt Energie, und das kann wiederkehrende negative Lebenssituationen hervorrufen, die sich in unserem Leben und natürlich auch in unserem Traumerleben widerspiegeln. Der Teil der Seele, der hängengeblieben ist, verbannt oder in Besitz genommen wurde, ruft nach uns und nach seiner Erlösung. Der Albtraum ist oft ein Hilferuf dieses fehlenden Seelenanteils. So kann eine Seelenrückholung oder die Arbeit mit den Albträumen helfen, diese auf seelischer Ebene zugezogenen Wunden zu heilen.

Merkmale des Albtraums

- Das Traumgeschehen berührt uns emotional sehr tief.
- Die Handlung ist geprägt von plötzlichem, schockartigem Auftreten gefahrvoller Situationen.
- Das Traumgeschehen kann unzusammenhängend sein oder aber auch eine genaue, immer wiederkehrende Abfolge haben.
- Die Traumbilder können schwarz-weiß oder in Farbe sein, in jedem Fall aber sind sie sehr dunkel, düster, schattenhaft, manchmal auch violett, rot und mit grell aufleuchtenden signalauslösenden Farbeffekten durchsetzt.
- Die Träume rufen extrem unangenehme und heftige Gefühle hervor.
- Wir spüren Druck auf der Brust, erleben Atemnot, Bewegungs- und Handlungsunfähigkeit, ein Gefühl des Ausgeliefertseins.
- Wir erleben starke und schwer abzuschüttelnde Emotionen, die mit realen körperlichen Symptomen wie Schweißausbrüchen, Angst, Schreien, Wutbeben etc. einhergehen können.
- Im Nachhall haben Albträume eine beunruhigende Wirkung, machen niedergeschlagen.
- Einige Albtäume träumen wir mehrfach – manchmal auch nur eine bestimmte bildliche Abfolge.
- Erlebnisse aus diesen Träumen können uns über lange Zeiträume beschäftigen.
- Nach derlei Träumen sind wir oft erschöpft, sie machen uns kraftlos, rauben uns unsere Energie – diese ist in irgendeiner Weise an die albtraumhafte Situation gebunden, möchte sich aber befreien.
- Diese Träume sind mit vergangenen traumatischen Erinnerungen verknüpft und durch diese gefärbt.
- Albträume können körperlich spürbare Schmerzen in bestimmten Teilen unseres Körpers zurücklassen.

Nachtangst/Nachtschreck

Albträume spiegeln die Dramen unserer Seele.

Eine bekannte und besondere Art des Albtraums ist die Nachtangst, auch Nachtschreck. Sie ist gekennzeichnet durch das plötzliche Auftreten heftiger Angstzustände. Anschließend braucht man einige Zeit, bis man sich beruhigt und die Erinnerungen an das Erlebte verblassen, zumal das Traumgeschehen sehr real und greifbar wirkt. Diese Art Traum kann einmalig auftreten, aber auch wiederkehrend sein. Zu derlei Albträumen kommt es besonders häufig bei Kindern. Die Nachtangst ist gekennzeichnet durch Schweißausbrüche, Schreien und Um-sich-Schlagen, starke emotionale Erregung, schnelles Atmen und geht zuweilen mit Umherlaufen, Desorientiertheit und Bettnässen einher. Sie kann verschiedene Ursachen haben, z. B. kann sie durch tatsächlich erlebte Situationen, starken emotionalen Stress oder Überforderung hervorgerufen werden. Manche Menschen werden auch von Erinnerungen an frühere Leben, von Dämonen, von Verstorbenen, die nicht gegangen sind und an einem bestimmten Ort leben oder die sie sich eingefangen haben, geplagt. In solchen Fällen ist es gut, auch das Bett, den Raum, den Ort und die nähere Umgebung in Augenschein zu nehmen, energetisch zu untersuchen und zu reinigen.

Symbolische Albträume

Als symbolische Albträume bezeichnet man Träume mit immer wiederkehrenden symbolgeladenen Inhalten, vor denen man sich zutiefst erschreckt oder fürchtet. Die Symbole sind mit bestimmten Lebenssituationen oder Traumata verbunden und lösen in uns Angst und Panik oder andere heftige Gefühle aus. Sie können sehr persönlicher Natur sein, und das, was sie bei uns bewirken, ist für Außenstehende dann oft nicht nachvollziehbar – z. B. Angst vor einem Kerzenständer, Grauen, ausgelöst durch das Auftauchen einer bestimmten Blume, eines Geruchs, der in der Realität für viele durchaus angenehm sein kann, wie der Duft einer Rose, Entsetzen, hervorgerufen durch einen Hut, der aus einem Kleiderschrank herausfliegt …

Symbolische Verschlüsselungen weisen oft auf eine traumatische Erfahrung hin, z. B. auf Missbrauch, den Tod eines geliebten Menschen oder einen schweren Unfall. Das Symbol steht dabei mit dem früheren Geschehen direkt in Verbindung, drückt es aus, verhüllt es jedoch zugleich, sodass es für die Seele erträglich wird. In einem solchen Fall ist es wichtig, das Symbol zu entschlüsseln. Es gilt, herauszufinden, womit es in Verbindung steht und woran es geknüpft ist. Ein Stück weit entkräften können wir solch ein Symbol, indem wir ihm ein heilsames Gegenstück entgegenstellen, das wir jeden Abend vor dem Einschlafen betrachten und das dem anderen entgegenwirkt: Ist da z. B. ein Schatten, der uns verfolgt, stellen wir uns ein Licht vor, das den Schatten auflöst. So kann der Schrecken langsam und allmählich verschwinden. (siehe »Traumpraxis: Vorbereitung auf den Schlaf«, S. 180)

Zeitschleifen

Immer wiederkehren an einen Punkt.
Zeitlos ist er – er will überwunden werden.

Zeitschleifen sind Situationen, die sich im Leben abgespielt haben und im Traum immer wiederkehren. Wie eine Schallplatte, die »hängt«, werden wir immer wieder an einen bestimmten Punkt in unserer Vergangenheit gebracht, an dem wir tatsächlich aber gar nicht mehr stehen. Zeitschleifen weisen uns in der Regel darauf hin, dass unsere seelische Entwicklung stagniert.

Wir alle folgen einem göttlichen Plan, entwickeln uns nach einem unsichtbaren Lebensentwurf – so, wie ein Same schon den Umriss der späteren Pflanze in sich birgt, die er einmal werden wird. Wir haben einen Auftrag und eine Aufgabe, die zu erfüllen wir uns für dieses Leben vorgenommen haben. So weisen uns Zeitschleifen auch darauf hin, dass wir in unserem Leben etwas Wichtiges übersehen haben. Sie können ein Wink sein, dass wir von unserem Weg abgekommen sind und ihn nun wiederaufnehmen sollten. Sie sind aber auch ein Zeichen dafür, dass wir vor einer weiteren Entwicklungsstufe stehen.

Bei diesen Träumen sollten wir prüfen, was zu der Zeit geschehen ist, in der wir festhängen. Vielleicht gab es etwas, was wir im Leben unbedingt erreichen wollten, aber vergessen haben. Möglicherweise haben wir genau zu dieser Zeit ein für uns wichtiges Lebensgefühl oder einen Teil unserer Seele verloren, weil wir eine schlechte Erfahrung gemacht und diese verdrängt haben. Vielleicht wartet dort ein Ideal, das es jetzt wieder aufzugreifen gilt. Es lohnt auf alle Fälle, sich intensiv mit der im Traum gezeigten Zeit zu beschäftigen. Irgendetwas möchte von dort ins Jetzt geholt werden.

Haben wir solche Träume, können wir unsere innere Führung, unsere Spirits, unser Höheres Selbst oder unsere Engel bitten, uns im Traum zu führen und uns das zu zeigen, was aus dieser Zeit für die Gegenwart wichtig ist. Die Antwort wird kommen. Wenn wir die Botschaft angenommen haben, dann hören die Zeitschleifen in der Regel auf.

Flucht- und Verfolgungsträume

»Die Nacht ist wie ein großes Haus.
Und mit der Angst der wunden Hände
reißen sie Türen in die Wände –
dann kommen Gänge ohne Ende,
und nirgends ist ein Tor hinaus.«

Rainer Maria Rilke, österreichischer Dichter

Verfolgt zu werden oder zu fliehen, sind zwei der häufigsten Traumgeschehen. Opfer- und Täterverhalten kommen hier zum Tragen. Wir wollen wegrennen und kommen nicht von der Stelle. Irgendetwas Bedrohliches verfolgt uns. Wir bekommen keine Luft mehr und haben Angst vor dem, was sich da anschleicht, uns ergreifen möchte, und wir versuchen, zu fliehen …

Diese Träume sind oft düster, die Farben fahl, mit einzelnen grell aufleuchtenden Bildern. Das Traumgeschehen selbst wirkt oft surreal oder hat surreale Elemente: Plötzlich spüren wir keinen Boden mehr unter den Füßen, eine unheimliche Tür erscheint, ein Schatten mit Hut tritt aus einem Schrank … All das löst Angst aus, uns wird heiß, wir fangen an, zu schwitzen, bekommen keine Luft, das Herz rast, wir ringen nach Atem …

Diese Art Albträume ist ein Hinweis auf Dinge, die in der Vergangenheit unerledigt geblieben sind, die damals nicht erlöst werden konnten. Letzteres hat zur Folge, dass wir nicht über unsere vollständige Kraft verfügen – ein Teil davon ist in einer traumatischen Erinnerung gebunden. Statt dass wir unserer Kraft nachjagen, jagt sie uns – in unseren Träumen. Der gefesselte Anteil möchte Erlösung finden. Der Träumende versucht, einer Verantwortung oder seinem Gefühl, schuldig zu sein, versagt zu haben etc., zu entkommen. Gefühle, mit denen er nicht fertig wird, können hier ebenfalls gemeint sein.

Bei Albträumen dieser Art ist es gut, sich Unterstützung zu holen und mit diesem Traum bewusst zu arbeiten, um seine Ursachen zu erkennen und aufzulösen. Dazu können wir sowohl menschliche Therapeuten als auch Wesen aus der Geistigen Welt, Engel, Naturwesen, Spirits und Krafttiere um Hilfe bitten. Eine mögliche Vorgehensweise ist, den Traum bei Tag zu betrachten und ihn auf eine gute Weise bewusst zu Ende zu erzählen. So trainieren wir eine mögliche Lösung, die dann oft auch im Traum geschieht. Ein weiterer Weg kann sein, zu üben, im Traum aufzuwachen (siehe »Aufwachen aus unliebsamen Traumsituationen«, S. 200).

Einbruchsträume

Grenzen in grenzenloser Weite –
im Traum lernen wir unsere Grenzen kennen.

Wir versuchen, die Tür abzuschließen, sie geht aber immer wieder auf. Wir bemühen uns, etwas Gestaltloses draußen zu halten, aber wenn wir es an einer Stelle geschafft haben, quillt es an anderer Stelle herein. Wir träumen, dass in unsere Wohnung eingebrochen wird und dass jemand in unserem Haus, in unserer Wohnung herumschleicht. Wir hören, dass ein Fenster zerspringt und jemand hereinkommt. Wir fühlen uns nicht sicher. Wir sehen, jemand steht in unserer Wohnung, und wir wollen ihn hinausschicken, doch er geht nicht … Der Einbruchstraum ist oft düster und das Licht gedämpft. Er kann erschreckend real wirken, der Ablauf der Geschehnisse scheint logisch, und manchmal gibt es mehrere Handlungsstränge. Heftige Angst und Panik sind häufig die Folge eines solchen Traums, der sogar Todesangst auslösen kann.

Diese Form des Albtraums hat mehrere Deutungsebenen: Zum einen ist es möglich, dass wir uns von bestimmten Menschen, die unterschwellig aggressiv sind, ganz real energetisch bedroht fühlen. Zum anderen weisen Träume dieser Art ganz allgemein darauf hin, dass ein Mensch keine Grenzen setzt/setzen kann, sich schutzlos fühlt, nicht Nein sagen kann, sich ausnutzen lässt, Energieraub zulässt, zu viel gibt und zu wenig zurückbekommt. Träumen wir dergleichen, so zeigt das, dass uns Schutz, klare Grenzen, innere Sicherheit, ein gesundes Selbstwertgefühl und ein Teil unserer eigenen Kraft fehlen.

Entsprechend können wir diesen Träumen die Grundlage entziehen, indem wir daran arbeiten, ein gesundes Selbstbewusstsein aufzubauen, gesunde Grenzen zu setzen und persönliche Schutzmaßnahmen zu ergreifen. In diesem Rahmen gilt es zu prüfen, welche Menschen uns Energie rauben und uns schwächen. In dem Maße, in dem wir lernen, Nein zu sagen und uns zu unserer vollen Größe aufzurichten, wird diese Art Träume aufhören.

Wiederholungsträume

»Wenn du es eilig hast, mach einen Umweg.«

Japanisches Sprichwort

Wir wählen eine Telefonnummer und müssen immer wieder von vorn anfangen. Wir suchen eine Tür, und wenn wir sie gefunden haben, entzieht sie sich uns, und wir müssen uns von Neuem auf die Suche machen. Ein Gang ist zu Ende, der nächste Gang fängt an … Wir kommen immer wieder an den gleichen Punkt – das ist ähnlich wie bei der Zeitschleife (siehe S. 71), hat jedoch keinen Bezug zu einem Ereignis in unserer Vergangenheit.

Wiederholungsträume spiegeln unsere Angst wider, nicht mit einer Situation fertig werden zu können. Wir stehen unter Druck und meinen, ihm nachgeben zu müssen. Wir glauben, wenn wir die Lage nicht meistern, dann passiert etwas ganz Schlimmes. Diese Träume sind ein Hinweis darauf, dass es an der Zeit ist, eine Pause einzulegen und uns mal wieder richtig zu entspannen. Es gilt, nachzuschauen, was den Druck verursacht, ihm ein »Gesicht« zu geben und womöglich Lösungen zu entwickeln, wie wir ihn auflösen oder zumindest mildern können.

Angstträume von Verlust, Tod und Mangel

»Hinter jeder dunklen, schwierigen Frage deines Lebens
verbirgt sich göttliche Weisheit.
Hinter den tiefsten, dunkelsten Fragen verbirgt sich
neues, wunderbares Licht.«

Otto Stockmayer, deutscher Pfarrer und Evangelist

Wir träumen … dass unsere Mutter stirbt, obwohl dazu keinerlei Veranlassung besteht, denn sie ist quicklebendig… dass unser Partner/unsere Partnerin fremdgeht und sich mit anderen vergnügt … dass ein Mensch, den wir lieben, schwer krank wird … dass wir unseren Job verlieren … Bei diesen Träumen bewegen wir uns in einem Grenzgebiet. Einige offenbaren die geheimen Begierden, versteckten Absichten und Wünsche von Menschen, die uns nahestehen, andere kündigen uns ein tatsächlich bevorstehendes Ereignis an. Wenn wir beispielsweise ein Traumtagebuch schreiben, erkennen wir mit der Zeit die feinen, aber wichtigen Unterschiede.

Die prophetischen Träume weisen ganz besondere Merkmale auf: Die Botschaften kommen angeflogen und dringen langsam in uns ein. Sie lösen keine Emotionen in uns aus, wir fühlen uns innerlich gut und stabil, sind offen, frei und empfänglich. Zudem haben wir den Eindruck, dass das, was wir sehen, von außen und nicht aus unserem tiefsten Inneren kommt. Die Farben sind hell und klar. Wir empfangen die Schwingung, die Energie, von anderen und erfassen deren wahre Absicht.

Wenn wir den Traum bewusst erleben, können wir uns auf die Ereignisse seelisch vorbereiten. In der Regel jedoch leben wir unbewusst. Wir schauen nicht, wie es uns geht, und lassen zu, dass unsere geheimen Ängste, Sorgen, Gefühle und unaufgearbeiteten Traumata in unseren Träumen neue Gestalt annehmen. Alles vermischt sich miteinander. Möglicherweise waren wir sehr empfänglich und haben viel von anderen aufgenommen, was sich dann in unseren Träumen äußert. Vielleicht ist im Tagesgeschehen durch Nachrichten, ein Bild, einen Geruch oder eine Begegnung ein altes Thema wieder angesprochen worden, vielleicht sind verschüttete Gefühle durch Worte geweckt worden.

Diese Art Träume deutet auf Mangel, Begierden und nicht bearbeitete Themen in uns hin. Sie sind ein Zeichen dafür, dass wir über wenig Energie verfügen und diese von anderen abhängig gemacht haben. Themen wie »Verlust«, »Trennung«, »Schmerz«, »Schock«, »Entzweiung« … sitzen wie Blockaden in unserem Energiefeld. Unser Unterbewusstsein verwendet nun die aktuellen Lebenssituationen dazu, diese alten Themen auszugraben, da sie immer noch ungelöst in uns schlummern. Es ist wichtig, sich damit auseinanderzusetzen, die aktuelle Situation anzuschauen. Es gilt zu erkennen, was das Grundthema ist, das dahintersteht. Was möchte gelöst werden? Das ist eine Gelegenheit, unsere Heilkraft zu aktivieren und sie in diese Träume hineinzulenken, damit die alten Themen abgeschlossen werden können.

Manchmal sind diese Träume auch ein Zeichen dafür, dass es für uns einfach an der Zeit ist, uns aus der Außenwelt zurückzuziehen, uns von allem zu lösen, uns mit uns selbst zu beschäftigen und Frieden und Ruhe in uns selbst zu finden. Um uns aufzuladen und unsere Energie aufzubauen, sollten wir Meditationen, Körperübungen, Spaziergänge in der Natur machen oder auch uns massieren (lassen). Dadurch können wir diese Träume oft schnell zum Abklingen bringen oder eine angenehmere Gestalt annehmen lassen.

Karmische Albträume

Du kannst deinem Schicksal nicht entfliehen.

Unsere Zweite Natur ist geistig. Geistige Energie kann nicht zerstört, sondern nur in andere Zustände gewandelt werden. In vielen Kulturen ist die Wiedergeburt ein selbstverständliches Konzept. So, wie sich die Natur im Winter zurückzieht und im Frühling wieder erwacht, so wandelt sich unsere geistige Essenz im Rad des Lebens.

Unter karmischen Träumen versteht man Träume, die mit diesem Leben nichts zu tun haben können, da wir darin noch nie Erfahrungen gemacht haben, die Ursache für das Traumgeschehen sein könnten. Es wird also ausgelöst durch frühere Erlebnisse und Eindrücke, die in der Seele gespeichert, aber noch nicht aufgearbeitet sind. Besonders gut lässt sich diese Art von Träumen bei Kindern erkennen: Ein Kind, das noch nie ein Feuer erlebt hat, träumt ständig von brennenden Dörfern … ein anderes träumt wiederholt von Menschen in Ritterrüstungen und Kämpfen, die an ganz bestimmten Orten stattfinden, an denen es noch nie war … eines träumt, obwohl es weder Schiff noch Meer kennt, immer wieder, wie ein Schiff sinkt und um es herum die Menschen schreien und wie es schließlich ertrinkt …

Die Seele drückt sich in Metaphern aus, deshalb ist es auch in diesem Fall wichtig, die Lage genau zu prüfen. Es kann durchaus sein, dass bestimmte Bilder einfach sinnbildlich für eine aktuelle Situation stehen. Ein Kampf in Rüstung kann genauso gut den Lebenskampf darstellen, den der Träumende gerade erlebt.

Karmische Träume erkennt man daran, dass sie Fakten enthalten, die der Mensch eindeutig nicht kennen kann. So träumt er z. B. in altfranzösisch, obwohl er mit Frankreich überhaupt nichts zu tun hat. Er sieht sich an geografisch genau lokalisierbaren Orten, an denen er noch nie war und über die er auch nichts weiß. Er erlebt Umstände, die es heute in dieser Art nicht gibt. Er sieht Menschen in geschichtlichen Zusammenhängen und in Verbindungen, die heute anders geknüpft sind.

Karmische Träume spielen oft vor einem dunkelvioletten Hintergrund. Sie scheinen aus einem bodenlosen Urgrund in uns aufzusteigen und uns aus fernen Zeiten und Kulturen zu erreichen. Sie bewegen uns in der Tiefe unserer Seele, und wir fühlen ihre Wahrheit im Herzen als ein unerklärliches inneres Wissen.

Karmische Träume zeigen uns, dass etwas sehr Altes in uns geheilt werden möchte. Sie tauchen dann auf, wenn wir in unserem Leben weitergehen und neue Erfahrungen machen möchten. Eine Voraussetzung dafür ist, dass wir unseren Frieden mit alten Erfahrungen gemacht haben, dabei kann z. B. eine Rückführung helfen.

Weitere Formen von Albträumen

Es gibt Albträume, zu denen es aufgrund von besonderen Umständen kommt. So kann es z. B. sein, dass Albträume nur in Gegenwart bestimmter Menschen auftreten oder an bestimmten Orten oder, nachdem man bestimmte Dinge getan hat. Angenommen, wir schlafen bei Freunden oder unseren Großeltern, und dort sucht uns immer wieder ein Albtraum heim, in dem uns ein grauer Schatten überfällt und Energie absaugt. Dies kann mit den Menschen, die da leben, zu tun haben, aber auch mit dem Ort selbst. Sind z. B. Menschen an dem Platz verstorben und auf einer anderen Ebene noch weiter an ihn gebunden, so können wir das über den Traum wahrnehmen.

Auch Flüche und Verwünschungen, die über einem Ort liegen, zeigen sich in Albträumen, ebenso die Geister eines Ortes – was sehr unangenehm werden kann, wenn wir sie nicht würdigen. Aber auch Wasseradern, Energieströme der Erde, die an bestimmten Plätzen sehr stark sind, können sich uns über Albträume offenbaren, wenn wir auf diese Energien nicht eingestellt sind.

Auf Folgendes gilt es bei Albträumen zu achten:

- Wann treten sie auf?
- An welchem Ort befinde ich mich, wenn ich Albträume habe?
- Wo und wie ist mein Schlafplatz? (Manchmal reicht es, das Bett umzustellen.)
- Mit welchen Menschen war ich zusammen? Welche Menschen spielen in meinen Albträumen eine Rolle?
- Was befindet sich im Umfeld meines Schlafplatzes?
- Fühle ich mich an meinem Schlafplatz geborgen und sicher?
- Was habe ich am Tag erlebt, bevor ich den Albtraum hatte?
- Um welche Art von Albtraum handelt es sich?

Wunschträume

»Ich schlief und träumte, das Leben wäre Freude;
ich erwachte und sah, das Leben war Pflicht;
ich handelte – und siehe, die Pflicht war Freude!«

Rabindranath Tagore, bengalischer Dichter und Literatur-Nobelpreisträger

Wunschträume zeigen wunderbar, wonach wir uns von ganzem Herzen sehnen. Sie tun das auf überzogene Weise und offenbaren dabei unsere Sehnsucht nach guten Gefühlen. Wir erfahren dadurch, welche emotionalen oder auch spirituellen Teile uns in unserem Leben fehlen. In diesen Träumen erscheint alles oft in leuchtend bunten Farben und in seiner optimalen Form.

So träumen wir z.B., dass sich ein Filmstar oder ein Musiker, eine Musikerin, den bzw. die wir sehr verehren, in uns verliebt und wir mit ihm oder ihr die wunderbarste Nacht unseres Lebens erleben, obwohl wir in unserem normalen Leben einen Partner, eine Partnerin haben, mit dem bzw. der wir glücklich sind und neben dem bzw. der wir am Morgen gern aufwachen. Hier wird unser tiefes Bedürfnis nach Glück, Erfüllung und Versorgtsein sichtbar und erinnert uns daran, wie intensiv unser Lebensgefühl sein sollte. Wir wollen nicht wirklich aufwachen. Im Traum ist unsere Energie höher und stärker als im Wacherleben oder im Alltag. Es ist wichtig, hinzuschauen, welche spirituellen, emotionalen und körperlichen Bedürfnisse erfüllt werden wollen.

»Goldene Träume lassen uns hungrig aufwachen.«
Britisches Sprichwort

Merkmale des Wunschtraums

- Die Farben darin sind oft hell und strahlend, bunt und schillernd, pastellig und zart, glänzend und geradezu überstrahlt.
- Die Handlungsabfolge ist meist logisch, und alles gestaltet sich so, wie wir es uns wünschen.
- Das Geschehen ist häufig regelrecht kitschig und überzogen, unter Umständen auch fantastisch überspitzt, und entsprechend meist viel romantischer, als es in Wirklichkeit je sein kann.
- Wir wachen danach mit einem wohligen, manchmal sogar seligen Gefühl auf und möchten gar nicht richtig zu uns kommen, weil es uns gerade so gut geht.
- Wir fühlen uns anschließend energetisiert und für kurze Zeit als Held in unserem Leben.
- Die Realität wirkt dagegen dunkel.
- Die Gefahr bei dieser Art des Traums ist, dass wir uns in den Traum flüchten, statt uns unseren eigenen Bedürfnissen zu stellen.

Halbschlaf/ Ammenschlaf

Der Halbschlaf, auch Ammenschlaf, ist ein Zustand zwischen Schlafen und Wachen – ein Teil von uns schläft fest, und ein anderer ist bei vollem Bewusstsein. Im Halbschlaf erkennen wir bewusst, dass wir einschlafen – oder aufwachen. Sobald wir Anzeichen von Unruhe verspüren, sind wir augenblicklich hellwach. Wir fallen in Halbschlaf, wenn unsere Seele versucht, sich zu erholen, Kraft zu tanken. Der Halbschlaf kann inspirieren und das Tor zu einem höheren Bewusstsein öffnen, sodass in diesem Zustand viele Lösungen gefunden werden.

Der Ammenschlaf bezeichnet vorrangig das Phänomen, das bei Bezugspersonen von Säuglingen auftritt. Dabei reagieren die betroffenen Personen auf bestimmte Geräusche, die vom Kind ausgehen, besonders empfindlich, während andere Umgebungsgeräusche sie nicht aus dem Schlaf holen.

Merkmale des Halbschlafs/Ammenschlafs

- Die Augen sind geschlossen.
- Die letzten Gedanken und die Geräusche der Umgebung werden noch bewusst wahrgenommen.
- Wir fühlen das Außen noch, und gleichzeitig beginnt die innere Entspannung. Wir versinken – Innenwelt und Außenwelt verschmelzen miteinander. Hier können wir die Lösungen für Probleme finden, die uns momentan beschäftigen.
- Sobald sich in der Umgebung etwas tut, ist ein Teil von uns augenblicklich wieder wach und handlungsfähig.
- Träume finden zwischen Wachen und Schlafen statt, nicht im Alpha-Zustand (siehe S. 135).
- Alle Farben sind möglich.

Tagträume

»Die Träume von gestern sind die Hoffnungen von heute und die Realitäten von morgen.«

Robert Hutchings Goddard, amerikanischer Wissenschaftler und Raketenpionier

Der Tagtraum findet während des Wachzustands statt, wir driften dabei kurzzeitig, aber manchmal tief in die Innenwelt ab. Ein Tagtraum äußert sich symbolisch und kann deswegen wie ein nächtlicher Traum gedeutet werden, wobei wir besonders darauf achten sollten, wie die reale Situation und der Tagtraum sich zueinander verhalten und welche Fragen uns aktuell beschäftigen.

Viele bekannte Künstler, Erfinder und Propheten hatten ihre Erfolg bringenden Eingebungen während eines Tagtraums. Sie forschten, suchten, experimentierten, weil sie ihren Traum verfolgten. Sie konzentrierten sich mit ihrer ganzen Aufmerksamkeit auf alle Einzelheiten ihrer Vision. Darüber schweiften sie kurz ab, und wenn sie wieder »wach« wurden, hatte sich ihnen – manchmal – in den Bildern und Eingebungen ihres Tagtraums die Lösung offenbart.

Wenn wir uns mit der Lösung eines Problems beschäftigen, so ist unser Verstand aktiv. Doch dieser hat nur eine begrenzte Kapazität und ist an Raum, Zeit und andere physikalische Gesetzmäßigkeiten gebunden. Durch den kurzen Tagtraum wird der Verstand zum wachen Beobachter einer tiefen seelischen Tätigkeit, und dabei kommt unsere kreative Seite, die nicht an Raum und Zeit gebunden ist, zum Tragen. Traum und Tat bilden die optimale Verbindung, die uns unsere Wünsche und Ziele verwirklichen lässt, in ihr liegt die Lösung.

Merkmale des Tagtraums

- Wir schweifen kurzzeitig ab.
- Wir können den unsichtbaren Energiestrom spüren, der unterschwellig unser Leben trägt und unsere Entscheidungen und Handlungen erheblich beeinflusst.
- Er bezieht sich meist auf das, was uns im Wachzustand gerade beschäftigt, deswegen sollten wir die Fragen im Gedächtnis bewahren, die uns vor dem Tagtraum beschäftigt haben – er gibt nicht selten die Antwort darauf.
- Er kann leichter erinnert werden, da der Verstand aktiv ist und beobachtet.
- Die Farbgebung changiert wie bei einem Aquarellbild.

Tiefschlaf

Der Tiefschlaf bezeichnet jenen Zustand, in dem alles Begehren versiegt und wir nichts träumen. In den indischen Veden wird das, was wir dann sind, mit dem »wahren Selbst« gleichgesetzt. Wenn wir tief schlafen, still und traumlos, sind wir atman (das Selbst) und das unsterbliche, furchtlose brahman (das All-Einige, die Urenergie). Im Anschluss an den Tiefschlaf fühlen wir uns erholt, verjüngt und erfrischt.

Merkmale des Tiefschlafs

- Alle Muskeln sind erschlafft, alles ist locker und schwer.
- Wir bekommen nicht mit, wenn andere das Zimmer betreten, es verlassen oder uns berühren.
- Nach dem Aufwachen können wir uns an nichts erinnern.
- Anschließend fühlen wir uns zutiefst erholt.
- Wir haben das Gefühl, als seien wir weit weg gewesen.

Symbolträume

»Die meisten Träume spiegeln uns unsere Wirklichkeit in symbolischer Form.«

C. G. Jung, Schweizer Psychotherapeut

Der Traum bedient sich oft einer symbolhaften Sprache, da sie universell ist. Symbole können auch das geistige Erwachen anzeigen und eine Form der universellen Kommunikation darstellen. Jeder Mensch ist anders, und für jeden Menschen kann ein Symbol etwas anderes bedeuten, obwohl es auch universelle Symbole gibt, die fast immer denselben Gehalt haben (siehe Kapitel »Traumdeutung«, S. 151). Oft sind wir aber auch nicht stark genug, der hässlichen Seite unserer Persönlichkeit gegenüberzutreten und verbergen unsere negativen Eigenschaften und Meinungen vor uns selbst, weshalb sich der Traum eines schützenden Symbolismus bedient. Symbole oder Zeichen können den komplexen Inhalt eines Traums besser ausdrücken als Worte oder klare alltägliche Handlungen. Der Spielraum ist dadurch unendlich.

Merkmale des Symboltraums

- In ihm zeigen sich deutlich, oft auch mehrmals, Symbole – Zeichen, Zahlen und Formen.
- Er sendet uns Zeichen, Warnungen oder Botschaften aus den geistigen Reichen, zeigt uns Dinge, die beachtet werden wollen.
- Die Handlung ist häufig abstrakt verschlüsselt und unzusammenhängend, vom Alltag losgelöst.
- Er kann eintönig und wiederholend sein, als ob eine Schallplatte »hinge«.
- Die Traumbilder erscheinen sowohl in Schwarz-Weiß als auch in Farbe.
- Das Symbol sticht deutlich heraus.

Präluzides Träumen

»Sieh, der Tag verlangsamt sich,
entgegen jenem Raum,
der ihn nach Abend nimmt:
Aufsteh'n wurde Steh'n,
und Steh'n wird Legen,
und das willig Liegende
verschwimmt.

Berge ruh'n, von Sternen überprächtigt,
aber auch in ihnen flimmert Zeit.
Ach, in meinem wilden Herzen nächtigt
obdachlos die Unvergänglichkeit.«

Rainer Maria Rilke, österreichischer Dichter

Als präluzides Träumen wird die Stufe vor dem luziden Träumen, dem Klarträumen, bezeichnet. Der Träumende wird dabei im Traum wach. Er ist ein Beobachter des Geschehens, kann über den Zustand reflektieren, doch ist ihm nicht bewusst, dass er in die Handlung eingreifen oder gar aktiv handeln kann.

Merkmale des präluziden Traums

- Im Traum merken wir, dass wir träumen.
- Zwar träumen wir bewusst, sind aber noch nicht in der Lage, zu handeln.
- Wir beobachten das Traumgeschehen.
- Die Bilder sind abwechselnd klar oder verschwommen.
- Alle Farben sind möglich.

Luzide Träume/Klarträume

»Die im Wachen träumen,
haben Kenntnis von tausend Dingen,
die jenen entgehen, die nur im Schlaf träumen.«

Wols (Alfred Otto Wolfgang Schulze), deutscher Fotograf, Maler und Grafiker

Der Begriff »luzides Träumen« geht auf den niederländischen Dichter und Psychiater Frederik Willem van Eeden (1860–1932) zurück. »Luzide« bedeutet so viel wie »klar« oder, im übertragenen Sinne, »rational«.

Klarträume werden Träume genannt, in denen wir uns vollkommen bewusst sind, dass wir träumen, und nach eigenem Ermessen aktiv in das Traumgeschehen eingreifen können. Wir wachen im Traum auf, beobachten und werden zum klarsichtigen Akteur, zur klarsichtigen Akteurin. Wir haben freie Entscheidungs- und Handlungsfähigkeit. Die Umgebung, in der wir zu uns kommen, können wir oft nicht bestimmen, sie ist einfach da. Nach dem Aufwachen erinnern wir uns klar und deutlich an das Traumgeschehen. Es kann für uns mitunter realer wirken als das Leben im Wachzustand.

Klarträume treten eher gegen Ende des Schlafzyklus auf, zwischen fünf und acht Uhr morgens. Thomas von Aquin, einer der bedeutendsten italienischen Philosophen und Theologen, erklärte im 13. Jahrhundert, dass unser Geist in dieser Phase am wenigsten mit unserem materiellen Körper verbunden sei.

Wir können lernen, bewusst in unserem Traum aufzuwachen und alte Muster und Programmierungen aufzulösen, indem wir das Ende des Traums bzw. das Traumgeschehen selbst bestimmen und zielgerichtet anders handeln, als vorgesehen. Darin wohnt eine tiefe Heilkraft: Wir können über uns selbst hinauswachsen und dabei neue Kräfte gewinnen.

Merkmale des luziden Traums

- Wir wachen im Traum auf und wissen, dass wir träumen.
- Der Traum ist klar, und wir bewegen uns bewusst durch ihn hindurch.
- Die Abfolge der Ereignisse ist logisch wie in der Realität, das Geschehen allerdings schärfer gezeichnet. Es kann jedoch Elemente beinhalten, die in der momentanen Realität nicht mehr in dieser Form existieren.
- Oft wissen wir, was als Nächstes kommt, und können entsprechend umsichtig handeln.
- Im Verlauf des Traums können wir die Ebenen wechseln, wenn wir wollen.
- Wir sind voll handlungsfähig und können den weiteren Verlauf lenken und verändern.
- Wir können Fragen stellen und mit den Menschen und Wesen, die uns im Traum begegnen, in Kontakt treten.
- Die Traumfarben sind häufig hell und strahlend, dabei sind alle Farbgebungen möglich.

Wahrträume

Wahrträume sind oft die Folge spiritueller Praxis. Sie zeigen uns, dass wir uns mit der Quelle in uns verbunden haben und von ihr geführt werden. Sie stammen aus dem göttlichen Selbst, das dem Menschen innewohnt und durch den Traum klar und unmissverständlich die Wahrheit offenbart. Wahrträume zeigen den nächsten Schritt deutlich an und sind meist in die Zukunft gerichtet. Wer einen solchen Traum hat, weiß ganz sicher und zweifelsfrei, dass das, was er darin erfährt, die Wahrheit ist.

Manche Wahrträume übermitteln uns nur einen Satz, und das über einen längeren Zeitraum. Dieser Satz dringt so deutlich zu uns vor, dass wir ihn nicht überhören können. Er hat einen tiefen, sinnreichen Inhalt, der von uns erfahren und gelebt werden will. Andere Wahrträume führen uns aber auch zu einem Meister oder einer Meisterin, der oder die uns eindeutige Anweisungen erteilt. Zwar verstehen wir die Botschaft nicht immer sofort, obwohl wir augenblicklich um deren Wahrheitsgehalt wissen, doch im Laufe der Zeit offenbart sie sich uns von selbst. Dessen können wir uns gewiss sein.

Merkmale des Wahrtraums

- Wir verspüren eine deutliche innere Gewissheit um die Wahrheit der Botschaft. Das, was wir erfahren, kann uns wie ein Blitz im Herzen treffen, wir wissen einfach, dass es stimmt.
- Das Geschehen ist klar, lichtvoll und unmissverständlich.
- Wir erleben den Traum als deutlichen, unverwechselbaren Ausdruck der geistigen Präsenz.
- Wir erhalten darin Instruktionen von höchster Ebene.
- Die Botschaft ist, vom Jetzt ausgehend, in die Zukunft gerichtet und zeigt uns den nächsten Lernschritt, der für uns ansteht.
- Wahrträume zeigen uns, dass wir auf dem richtigen Weg sind – wir sind angebunden an die höchsten Ebenen.
- Das, was wir geträumt haben, wird sich immer durch das Leben bewahrheiten.
- Die Traumfarben sind sehr klar, hell, irisierend, schillernd, die vorwiegende Farbgebung liegt im Bereich von Gold, Weiß und Gelb.

Telepathische Träume

Telepathie ist geistiges Schauen. In telepathischen Träumen empfangen wir Botschaften von geliebten Menschen, sehen Bilder von Plätzen, mit denen wir uns verbunden fühlen. Im Herzen gibt es weder Raum noch Zeit. Wir können dort Ereignisse wahrnehmen, die gerade auf der anderen Seite der Welt geschehen. Vielleicht sehen wir träumend ein Erdbeben, und tatsächlich hat genau zu dieser Zeit eines stattgefunden. Oder wir träumen von einer geliebten Person, die gerade ein Schiff verlässt, und erfahren später, dass sie tatsächlich die irdische Ebene hinter sich gelassen hat. Es ist eine natürliche Gabe des Menschen, mit der Geistseele telepathisch Verbindung aufnehmen und über diese mit ihr kommunizieren zu können. Wir empfangen ihre Mitteilungen über den Traum.

Wie ein unsichtbares Netz webt sich der Lebensfaden
zwischen Mensch, Umwelt und Natur.
Alles ist miteinander verbunden.

Merkmale des telepathischen Traums

- Wir sind Beobachter von Ereignissen, wir beobachten, was geschieht, als ob wir fernsehen würden.
- Das Erleben dieser Träume ist unabhängig von unserem Bewusstheitsgrad.
- Telepathische Träume erwecken ein inneres Wissen in uns.
- Das Geschehen löst keine Emotionen aus.
- Eine Person, ein Wesen spricht wie über einen Bildschirm zu uns.
- Die Bilder sind klar, realistisch, und die Abfolge logisch wie in einem Film. Das Bild zeigt sich, wird klar und deutlich, dann verblasst es wieder.
- Wir empfangen eine Botschaft meist als schlichte, einfache, direkte Weitergabe von Informationen, manchmal wird sie aber auch in symbolischer Form übermittelt.
- Die Informationsübertragung vom Sender zum Empfänger erfolgt wortlos über unseren inneren Sehsinn.
- Meist erhalten wir anschließend in der Realität eine eindeutige Bestätigung der übermittelten Ereignisse.
- Es ist, als ob sich ein Tunnel öffnet und wir auf einen Bildschirm schauen. Ohne Worte begreifen wir den Inhalt dessen, was wir darauf erblicken. Danach verblasst das Bild wieder, und der Tunnel verschließt sich. Es ist eher wie eine Schau, ein inneres Sehen im Traum.
- Die Botschaft ist nicht an Personen gebunden, sondern kann energetisch über das Herz übermittelt werden. Der Träger ist die Liebe.
- Die vorherrschenden Farben sind Rosa, Weiß, oder es schimmert alles gelblich, grundsätzlich sind aber alle Farben möglich.

Prophetische Träume/ Weissagungsträume

»Große Ereignisse werfen ihre Schatten voraus.«

Thomas Campbell, schottischer Dichter

In prophetischen oder vorausschauenden Träumen bzw. Weissagungsträumen offenbart sich die Zukunft deutlich und unmissverständlich. Meist bezieht sich die Vorhersage auf die fernere Zukunft. Während Wahrträume (siehe S. 90) meist auf die spirituelle Entwicklung einer Person verweisen, beziehen sich prophetische Träume auf das zukünftige Schicksal von Menschen, Menschheitsführern, zeitgeschichtlich relevante Ereignisse, weitreichende Begebenheiten, größere Gruppen, die Menschheit selbst oder auf die Entwicklung unseres Planeten. Sie können jedoch ebenfalls sehr irdische und praktische Dinge des Lebens betreffen.

Weissagungsträume sind Träume höherer Ordnung. Sie werden oft von Menschen empfangen, die sich in den Dienst an der Menschheit und der Entwicklung der Erde gestellt haben. Sie können sich in Metaphern und Gleichnissen – man denke nur an die von Josef gedeuteten Träume des Pharaos: sieben fette Kühe für sieben üppige Jahre, sieben magere Kühe für die knappen Jahre (1. Mose, Kapitel 41) – oder in logischen Bildern darstellen. Herrscher und Führerinnen, die schwerwiegende Entscheidungen zu treffen hatten, haben sich oft kundiger Traumdeuter und -deuterinnen bedient, die der Weissagung und des prophetischen Träumens fähig waren.

In prophetischen Träumen befinden wir uns auf hohen Ebenen jenseitiger Bereiche, in den Archivhallen und Tempelstätten der Meister und Meisterinnen, wo wir Einsicht in die Lebens- und Entwicklungspläne von Einzelnen, Gruppen, Ländern usw. erhalten können. Berühmte Empfänger und Empfängerinnen solcher Träume waren Edgar Cayce, Emanuel Swedenborg, Nostradamus, und aus der griechischen Sagenwelt kennen wir die Gestalt der Kassandra.

»Die wahrheitsverkündenden Träume kommen aus einem elfenbeinernen Tor hervor, während sich die irreführenden Träume aus hörnernem Tor ergießen.«

Homer, Dichter im antiken Griechenland

Merkmale des prophetischen Traums

- Diese Träume sind in die Zukunft gerichtet und erfüllen sich zu ihrer Zeit – wenn auch manchmal erst viele Jahre später.
- Die Traumhandlung ist klar, deutlich und übersichtlich. Die Abfolge der Ereignisse ist logisch.
- Die Handlung kann einen gleichnis- und symbolhaften Inhalt haben.
- Oft erscheinen nachprüfbare Fakten wie Daten, Zahlen und Orte.
- Der Träumende empfindet tief in sich das Wissen, dass etwas Wichtiges übermittelt wurde.
- Auch nach dem Aufwachen bleibt der Trauminhalt leicht nachvollziehbar und klar.

- Selbst wenn folgenreiche Fakten übermittelt werden, löst das im Traum keinerlei emotionale Reaktion aus und wird aufgenommen wie eine nüchterne »Übertragung«.
- Emotionale Reaktionen folgen erst nach dem Erwachen, wenn wir den Inhalt bewusst verstanden haben.
- Diese Träume sind nicht manipulierbar oder abänderbar – sie müssen so erzählt werden, wie sie geträumt wurden.
- Wir empfangen diese Träume aus höchsten Gefilden.
- Prophetische Träume werden von unerfahrenen Träumern oft nicht ernst genommen oder gehört, da sie zu gewaltig sind und das Gesehene unvorstellbar klingt.
- Die Bilder zeigen sich in lebendigen, strahlenden Farben – niemals schwarz-weiß oder grau. Sie weisen oft eine besondere Farbbrillanz auf, haben ein inneres Leuchten, etwas Durchscheinendes, Klares, Helles, Einleuchtendes.

Offenbarungen

»Eine Tür im Himmel stand offen,
und die Stimme,
die ich am Anfang gehört hatte –
eine Stimme wie von einer
Posaune, die mit mir sprach:
›Komm hier herauf,
und ich werde dir zeigen,
was dann geschehen soll.
Sogleich wurde ich vom Geist
ergriffen, und siehe …‹«

Johannesoffenbarung 4,1 und 4,2

Offenbarungen erkennen wir daran, dass sie lang und ausführlich sind und über einen längeren Zeitraum empfangen werden – und nicht unbedingt im Schlaf. Sie haben eine lange Erfüllungsdauer, d. h., die darin beschriebenen Ereignisse liegen häufig in ferner Zukunft. Sie können geistige Reiche beschreiben, die kaum ein Normalsterblicher je betreten hat – weder im Schlaf noch in der Meditation oder Trance (siehe das neue Jerusalem, Shambala …). Oft geben sie dem Empfänger einen Leitfaden an die Hand (siehe Johannesoffenbarung). Die Botschaften sind sehr klar, deutlich und unmissverständlich und werden von einem tiefen inneren Wissen begleitet. Meist empfangen wir sie sinnbildlich, da es zu dem Zeitpunkt, an dem wir sie erhalten, noch keine Worte für zukünftige Erfindungen und Zeitgeschehnisse gibt.

»Selig ist, der da liest und die da hören die Worte
der Weissagung und behalten, was darin geschrieben ist,
denn die Zeit ist nahe.«

Johannesoffenbarung 1,3

Merkmale der Offenbarung

- Wir empfangen die Botschaften oft in bildhaften, unbegreiflichen, mehrschichtigen Metaphern.
- Meist sind sie zu weitreichend, als dass wir sie mit dem bloßen Verstand erfassen könnten.
- Die Bilder folgen logisch aufeinander, wobei die Botschaft durchaus symbolhaft verschlüsselt sein kann, aber dennoch eindeutig ist.
- Wir sind Beobachter, denen etwas gezeigt wird.
- Angesichts dessen, was uns präsentiert wird, fühlen wir uns klein.
- Wir agieren selbst überhaupt nicht, wir nehmen nur auf.
- Bilder, Töne, Wesen und Stimmen wirken übernatürlich, übermenschlich, gigantisch, überzogen.
- Wir spüren gewaltige Ströme von Energie.
- Wir sehen die Bilder aus der Ferne, von oben oder aus einer anderen distanzierten, klaren, übergeordneten Perspektive.

Ätherprojektion

»Jetzt bin ich leicht, jetzt fliege ich,
jetzt sehe ich mich unter mir,
jetzt tanzt ein Gott durch mich.«

Friedrich Nietzsche, deutscher Philosoph

Äther ist eines der fünf Elemente, und als solches steht es für eine höhere, geisterfüllte Stofflichkeit. Bei der Ätherprojektion bewegen wir uns wie ein Geist in unserer vertrauten Umwelt. Dabei fühlt sich unser Ätherleib fast genauso an wie unser physischer Körper. Unser Ätherleib ist unser Doppelgänger und zugleich Träger unserer Lebenskraft.

Bei einer Ätherprojektion kann es zu einer Verwechslung zwischen den beiden Körpern kommen. Vielleicht spüren wir Harndrang, stehen auf, gehen auf die Toilette – doch am nächsten Morgen wachen wir in einem feuchten

Bett auf. Wir führen also Handlungen aus, ohne sie mit unserem physischen Körper nachzuvollziehen.

Bei einer Projektion verlässt nicht ein einzelner feinstofflicher Leib den physischen Körper, sondern mehrere – wie bei den Matroschkas, den russischen Puppen. Wenn wir die äußere Puppe öffnen, so enthält sie alle anderen noch in sich.

Merkmale der Ätherprojektion

- Wir befinden uns in einer vertrauten Umgebung.
- Das Licht hat eine leicht veränderte Qualität, es erscheint gedämpft oder als ob es einen Nebel oder einen Goldhauch über die Dinge lege.
- Wir können uns selbst beobachten.
- Wir halten uns in der Nähe unseres physischen Körpers auf.
- Wir können uns sowohl dessen bewusst sein, dass wir schlafen, als auch der Umgebung, in der wir uns befinden.
- Wir bleiben auf der irdischen Ebene.
- Eine kleine Berührung genügt, um die Projektion in die körperliche Hülle zurückzuziehen.
- Wir sind imstande, kleinere »Tricks« auszuführen, wie durch Wände zu gehen oder zu schweben.
- Von hellsichtigen Menschen kann in der Projektion das Zweite Gesicht wahrgenommen werden.

Astralprojektion/Exosomatose

»Befiehl deiner Seele, sich in Indien zu befinden,
den Ozean zu überqueren –
augenblicklich ist es geschehen.
Und wenn du das Himmelsgewölbe durchbrechen
und sehen möchtest, was dahinter ist –
wenn es irgendetwas außerhalb der Welt gibt,
so kannst du es.«

Corpus Hermeticum
(Schriften, die angeblich von Hermes Trismegistos verfasst wurden)

Die Astralprojektion oder Exosomatose (griech. »exo« = »außerhalb« und »soma« = »Körper«) wird auch »Astralwallen«, »Astralwanderung«, »Astralreise« oder »Mentalprojektion« genannt und ist die Bezeichnung für die

Trennung des ätherischen Doppels vom physischen Körper. Nur durch eine Silberschnur verbunden, verlassen wir mit unserem feinstofflichen Körper (auch »Doppelkörper«, »Lichtkörper«, »Geistkörper«, »Astralkörper«, »diamantenes Fahrzeug« … genannt) unseren physischen Körper und begeben uns auf Reisen. Dabei betreten wir eine völlig andersartige Welt. Wir können uns weit von unserem Körper wegbewegen und in den verschiedenen geistigen Ebenen in Lichtgeschwindigkeit umherreisen.

Astralreisen sind naturgegeben. Wir sind ca. zwei- bis dreimal die Woche unterwegs, können uns aber oft nicht daran erinnern, da wir dabei im Tiefschlaf sind. Die Körperfunktionen sind währenddessen auf ein Minimum heruntergefahren. Genau genommen gibt es also keinen Menschen, der noch nie fremde Dimensionen besucht hat, wobei sich die meisten beim Aufwachen nur noch flüchtig daran erinnern können – wenn überhaupt.

Die Astralwelt ist die erste höhere Ebene nach der physischen, die Ebene der Emotionen. Wir gelangen im Schlaf in diese Ebene, aber auch nach dem Tod, dann sogar für längere Zeit. Allerdings kann die außerkörperliche Erfahrung durch bestimmte Übungen und Techniken gezielt herbeigeführt werden. Dazu gehört auch das absichtliche Verlassen des physischen Körpers, um ganz bewusst auf Reisen zu gehen. So können wir uns, wenn wir einen bestimmten Bewusstseins- oder Einweihungsgrad erlangt haben, auf eigenen Wunsch vom Körper lösen und in anderen Dimensionen aufhalten, bis wir beschließen, wieder zurückzukehren. Anschließend können wir uns an alles erinnern, was wir außerhalb des Körpers erlebt haben. Die Verbindung zwischen Realität und Traum ist lebendig.

Das, was wir auf einer Astralreise erlebt haben, kann sich in der Realität bestätigen. Vielleicht haben wir gesehen, dass bestimmte Menschen verletzt wurden. Eventuell haben wir ihnen auf der geistigen Ebene beigestanden, damit sie den Verletzungen nicht erliegen. Am nächsten Tag rufen wir bei ihnen an und erfahren, dass das, was wir bewusst auf der geistigen Ebene miterlebt haben, tatsächlich auch so ist. Durch die Astralreise können wir hilfreich eingreifen – wir sind quasi als Engel unterwegs –, uns an anderen Orten bewusst manifestieren, Unterweisungen empfangen, mit Energie aufgeladen und geheilt werden. Ebenso können wir aber auch mit dunklen Schatten und unangenehmen Situationen konfrontiert werden.

Astralprojektionen können mit unliebsamen körperlichen Begleiterscheinungen einhergehen. Dazu gehören Lähmungserscheinungen, Erstarren, Zittern, Vibrieren und Druckgefühle. Sie können Angst und Panik auslösen, wenn wir eine solche Reise das erste Mal bewusst erleben. Gezieltes Üben kann helfen, die natürliche Angst zu überwinden. Geeignete Übungen findest du im Kapitel »Techniken der Traumpraxis: Ätherprojektion und Astralprojektion« (ab S. 211).

Merkmale der Astralprojektion

- Sie ist immer mit dem Gefühl verbunden, dass wir fliegen, fallen, schweben oder springen.
- Es gibt ein reißverschlussartiges, unangenehmes, lautes Geräusch, wenn sich der Astralleib vom physischen Körper löst, mit dem wir über eine Silberschnur verbunden bleiben.
- Nach dem Loslösen vom Körper reisen wir durch einen Tunnel ins Licht.
- Einmal unterwegs, können wir uns außerhalb unseres Körpers selbst beobachten.
- Wir können augenblicklich mit Lichtgeschwindigkeit überallhin reisen.
- Wir sehen klar und können die Handlung selbst steuern, dabei bewegen wir uns durch eine Abfolge von Ereignissen.
- Wir können auch in Zwischenbereiche schauen, in die sogenannte Anderswelt – z. B. ins Reich der Naturgeister, in außerirdische Bereiche, Höllen- und Himmelsregionen, Geisterwelten.
- Zeitreisen sind möglich, da wir nicht an Zeit und Raum gebunden sind.
- Die Kommunikation erfolgt in den meisten Fällen telepathisch.
- Mitunter lässt sich das Erlebte in der Realität überprüfen.

Astralkatalepsie

Sylvan Muldoon, ein amerikanischer Schriftsteller und Astralreisenforscher, hat 1930 den Begriff »Astralkatalepsie« geprägt. Andere Begriffe dafür sind »Schlaflähmung« und »Schlafparalyse«. Dabei begibt sich unser Geist auf Erholungsreise, das geschieht mehrmals in der Woche. Da dies im Tiefschlaf passiert, bekommen wir in der Regel nichts davon mit. Doch es gibt jene seltenen Momente, in denen der Verstand den Geist dabei erwischt, dass er den Körper gerade verlässt oder dorthin zurückkehrt. Das löst meist Panik aus, da wir das Verlassen des physischen Körpers instinktiv als Tod interpretieren.

Die Gesetzmäßigkeiten in der Geistigen Welt sind andere als in der physischen, in der es Dichte, Schwerkraft etc. gibt. Deshalb kann der Wechsel der Dimensionen zuweilen Gefühle der Lähmung und Niedergeschlagenheit sowie akustische und optische Halluzinationen auslösen. Wenn wir in eine solche Situation geraten, zumeist geschieht dies in der Phase des Aufwachens, dann hilft es, mit dem großen Zeh zu wackeln, um den Prozess zu beschleunigen.

Merkmale der Astralkatalepsie

- Wir empfinden eine vorübergehende Lähmung, sind bewegungsunfähig.
- Wir haben Krach, Lärm, ein Zischen oder andere unangenehme laute Geräusche im Ohr.
- Wir empfinden eine überwältigende durchdringende Schwingung.
- Wir sind kurzatmig, spüren ein unangenehmes Gefühl von Schwere und Druck.
- Wir fühlen uns niedergeschlagen.
- Unerklärliche Lichter tauchen auf.
- Wir haben das Gefühl, dass jemand oder etwas auf dem Bett sitzt oder dass sich die Bettdecke bewegt.
- Wir rufen oder wollen uns bemerkbar machen, werden aber nicht gehört.

Lähmende Gefühle, der Schrei in der Stille –
er wird nicht gehört, da du im Übergang bist.
Im Getriebe der Zeit, zwischen der Zeitlosigkeit erschrickst du
vor der Macht und Größe des Seins. Du kannst nicht raus,
du kannst nicht rein, so entspanne dich in diesem Sein.

Rituelle, zeremonielle und magische Träume

»Dreimal erscheine ich dir im Traum,
führe dich in einen neuen Raum.
Hör mein Raunen, hör meine
Weisung, sie wird dich führen
aus der Entgleisung.
Achte auf die Zeichen, und drehe
dich dreimal links im Kreise –
arbeite mit der Heilenden Weise.
Ziehe in dich das heilende Licht,
sodass heilen kann dein
geistiges Gesicht.«

Botschaft des Zwergenkönigs Laurin

Bereits bei den Sumerern hatten manche Träume rituelle bzw. magische Bedeutung. Auch heute gibt es derartige Träume, sie werden oft bei bestimmten Einweihungszeremonien erlebt. Der oder die Träumende erfährt genau und in Einzelheiten, was er oder sie zu tun hat, um eingeweiht zu werden.

Schamanen, Heiler, Medizinmänner etc. können häufig magisch-rituelle Träume aus der Anderswelt für andere Menschen, für Gruppen und zu speziellen Anlässen herüberholen. Der oder die Träumende träumt dann das Ritual oder die magische Handlung, die er oder sie zu einer bestimmten Angelegenheit ausführen soll. Magisch-rituelle Träume werden oft durch den Aufenthalt an bestimmten Kraftorten oder durch Pflanzenkräfte heraufbeschworen, können aber auch unabhängig von äußeren Faktoren eintreffen.

Bei diesen Träumen bewegen wir uns auf dem gefährlichen Grat zwischen Wahn, Verblendung und wirklich kraftvollen rituellen Durchgaben, die das Leben lichtvoll verändern. Jeder Gedanke, jedes Wort, jede Handlung ist Magie – denn das eine wie das andere kann alles bewirken. Deswegen ist es sinnvoll, das geträumte Ritual oder die übermittelte Zeremonie auf mögliche Folgen hin zu prüfen. Löst das Ritual Weite, Licht und Klarheit aus und dient es dem Wohle alles Lebendigen, so können wir die Anweisungen ausführen.

Merkmale des magisch-rituellen Traums

- Diese Träume haben oft etwas Mystisch-Magisches, etwas Feierliches, Heiliges.
- Das Geschehen ist in ein besonderes Licht getaucht, durch das mehrere Ebenen sichtbar werden können.
- Heilige Symbole und Gegenstände, magische Wesen (Einhorn, Phönix, Elfen, Feen) oder Zahlen wie die Drei, die Sieben, die Neun … tauchen auf. Es hat etwas Unwirkliches, Märchenhaftes und doch etwas tief Glaubwürdiges.
- Die Handlung ist klar, wenngleich oft symbolisch, und manchmal auf mehreren Ebenen sichtbar. Zudem ist sie oft doppelt belichtet und mehrschichtig.
- Wir sehen feinstoffliche Reaktionen auf materielle und physische Handlungen – z. B. erhebt sich ein Kelch in die Luft, Blitze zucken …
- Die übermittelten Rituale sollten wir nach dem Erwachen auf der realen Ebene nachvollziehen, sofern sie der Einweihung dienen, Hilfe, Heilung und Kraft bringen und andere nicht gefährden.
- Die Anweisungen sind oft symbolischer Art. Vielleicht sollen wir einen Stein an einem bestimmten Fluss finden, ihn besprechen, mit einer speziellen Tinktur salben und ihn an einem ausgewählten Ort in die Erde legen, damit sich alte Geschichten aus dem Energiefeld lösen und verabschieden können, oder dreimal in einer bestimmten Quelle ein Bad nehmen und eine kleine Opfergabe in Form von Räucherwerk darbringen …
- Wir erhalten im Nachhinein oft deutliche Zeichen in der Realität.

Tempelschlaf

Durch den Tempelschlaf verbinden wir uns mit unserem unvergänglichen Seelenlicht und können das Mysterium unserer Seele erfassen. Wir können Einblick in unseren Lebensplan erhalten, außerdem in Geburt und Tod, und begreifen die Relativität unseres irdischen Daseins, das in größere Zusammenhänge eingebettet ist.

Der Tempelschlaf bedarf einer längeren Vorbereitung und Schulung. Der Mysterienschüler bzw. die -schülerin wird in das »Hohe Wissen« eingeweiht. Dadurch wird er oder sie von einem oder einer Suchenden zu einem oder einer Wissenden, von jemandem, der von Kräften gelenkt wird, zu jemandem, der seine Kräfte beherrscht und bewusst leitet.

Der Tempelschlaf war in vielen alten Kulturen die höchste und letzte Einweihung vor dem endgültigen Erwachen. Bestimmte Merkmale waren dabei überall gleich.

Im alten Ägypten wurden die Schüler und Schülerinnen, die alle vorangegangenen Prüfungen bestanden hatten, in einer Höhle oder Einweihungsstätte in den Sarkophag gelegt, dieser wurde verschlossen. Die Seele verließ den Körper, wobei der Stoffwechsel auf Minimalfunktion reduziert wurde, und erfuhr auf ihrer Reise das letzte Mysterium, bevor sie nach der vorgegebenen Zeit von einem oder einer Eingeweihten wieder zurück in den Körper geholt wurde.

Im antiken Griechenland wurden Eingeweihte in Tempeln, die dem Gott Apollon geweiht waren, mit besonderen Kräutern auf die Kunst des Träumens vorbereitet. Träume aus dem Tempelschlaf wurden dazu genutzt, Weissagungen zu machen und Krankheiten zu heilen. Der oder die Kranke brachte ein Geschenk, eine Opfergabe mit, unterzog sich vorgeschriebenen Ritualen und Waschungen, wand sich Bänder mit verschiedenen Heilkräutern um und konnte sich dann im Tempel gesund schlafen. Der oder die Heilungsuchende wurde von einem oder einer Eingeweihten begleitet, und die Heilung vollzog sich im Traum. Oft erschien darin Asklepios, der Heilergott in Schlangengestalt, an einer sprudelnden Quelle, seine Tochter Hygieia begleitete ihn. Ab und zu war auch Telesphoros zugegen – eine zwergenhafte Gestalt im Kapuzenmantel –, der die Heilung vollbrachte.

Merkmale des Tempelschlafs

- Der Tempelschlaf ist ein bewusster Schlaf mit einer bestimmten Ausrichtung.
- Der oder die Schlafende wird rituell vorbereitet oder bereitet sich selbst vor (durch Fasten, Übungen, Waschungen …) und wird von einem oder einer Eingeweihten begleitet.
- Im Traum können magische Gegenstände und Pflanzen zum Einsatz kommen.
- Er kann von Gesang, Mantras, rhythmisch-gleichmäßigen Tönen begleitet sein.
- Die vorherrschende Atmosphäre ist heilig, feierlich.
- Im Vorfeld werden bestimmte geistige Hilfskräfte angerufen und Opfergaben für diese bereitgestellt.
- Er versetzt die zu heilende Person in andere Bewusstseinszustände, die diesen oft tief entspannt und zugleich wach sein lassen.
- Er hat etwas Mythologisch-Archetypisches und offenbart das Seelenthema.
- Der Suchende kann sich an alles im Traum Erlebte deutlich erinnern, und dies wird ihm auf seinem geistigen Weg hilfreich sein.
- Der Tempelschlaf erweitert das Bewusstsein – wir erfahren darin eine neue Dimension des Seins und begreifen den Sinn unseres Lebens besser.

Jenseitsträume

Jenseitsträume erkennen wir daran, dass wir darin Menschen begegnen, die bereits verstorben sind. Wir können sie verjüngt in einer strahlenden, irisierenden Landschaft treffen oder in den Zimmern vergangener Tage, die jetzt leer stehen. Häufig zeigt sich in einem solchen Traum eine natürliche Barriere zwischen uns und dem oder der Verstorbenen, die anzeigt, dass wir selbst noch nicht bereit sind, die Ebenen zu wechseln.

Verstorbene senden uns Botschaften. Sie warnen, beraten und beschützen uns und sind mitunter auch an unserer Seite, wenn wir selbst so weit sind, hinüberzugehen. Wenn jemand verstorben ist, erscheint er den Hinterbliebenen nach einer gewissen Zeit der Regeneration manchmal im Traum. Er nimmt wieder Kontakt mit geliebten Menschen auf, um ihnen zu zeigen, dass er von der anderen Seite des Ufers über sie wacht. Für unsere vorchristlichen Vorfahren war diese Vorstellung tröstlich und es für sie deshalb ganz normal, mit den Ahnen in Kontakt zu bleiben.

Wenn Verstorbene sich zeigen, so kann dies mehrere Bedeutungen haben. Manche kommen nicht von ihrer irdischen Existenz los, da sie sich zu sehr an Dinge gebunden haben. Andere geben damit zu verstehen, dass es ihnen gut geht und dass kein Grund zur Traurigkeit besteht. Ihr Erscheinen vermag auch, eine Krankheit oder einen baldigen Tod anzuzeigen und uns vor etwas zu warnen. Verstorbene können auch auf Themen der Ahnen, des Blutes, aufmerksam machen und dadurch helfen, Altes zu erlösen.

Merkmale des Jenseitstraums

- Verstorbene, die wir wiedererkennen, stehen vor uns, manchmal unerlöst grau, nebulös und schattenhaft – oder verjüngt, leuchtend, strahlend.
- Sie bringen Botschaften, Symbole, Kräfte, die uns warnen, heilen, helfen oder führen.
- Zwischen uns und den Verstorbenen gibt es eine natürliche Barriere, die wir nicht durchbrechen oder überwinden wollen oder können, da dieser jenseitige Bereich uns noch nicht bestimmt ist. Diese unsichtbare Barriere können wir auch im Traum deutlich wahrnehmen. (Es kann ein Zeichen dafür sein, dass unser Tod kurz bevorsteht, wenn wir im Traum ganz engen Kontakt mit Verstorbenen haben – wir feiern und tanzen mit ihnen oder heiraten sie sogar.)

Karmische Träume

Karma ist das Gesetz von Ursache und Wirkung. Oft sind wir an bestimmte Ereignisse, Menschen und Orte gebunden, da wir mit ihnen verstrickt sind. Die gebundenen Seelenanteile warten auf ihre Erlösung. In unserer Seele sind alle Erfahrungen und Erinnerungen eines jeden Moments aus diesen und früheren Lebensspannen gespeichert. Die meisten von uns haben schon viele, viele Leben auf der Erde verbracht und eine entsprechende Menge Erfahrung gesammelt. Wir sind schon oft durch Qualen, Schmerz, Krankheit und Tod gegangen, haben aber auch Freude, Liebe und Schönheit erfahren.

Karmische Träume können durch bestimmte Geschehnisse oder Zeitpunkte ausgelöst werden. Wir treffen z. B. einen Menschen (wieder), und ein bestimmtes Programm mit unerlösten Mustern wird abgerufen. Karma kann sich in allen Traumarten zeigen – als Albtraum, als Wunschtraum, als Klartraum …

Wir können unserem Schicksal nicht entfliehen.
Jede unserer Handlungen wird Früchte tragen, Folgen haben.
Der Traum erinnert uns an unsere selbst gesponnenen Fesseln,
die aus ferner Zeit wie vergessene Erinnerungen
hervortreten können.

Merkmale des karmischen Traums

- Sie sind wiederkehrend und laufen meist in gleicher oder ähnlicher Abfolge ab.
- Es scheint, als würden diese Träume uns verfolgen und wir vor ihnen fliehen.
- Sie zeigen bestimmte Ereignisse und Erfahrungen, die unmöglich aus diesem Leben stammen können (Kriegsszenen, Landschaften, in denen wir in diesem Leben noch nicht waren, Gewänder aus anderen Epochen, Positionen, die wir gar nicht innehaben können ...).
- Sie sind lebendig und sitzen als Erfahrung an bestimmten Stellen in unserem Energiekörper, z. B. im Magen-Darm-Bereich. Im Verdauungstrakt sind oft alte Sequenzen gespeichert und Dinge, die wir im wahrsten Sinne des Wortes noch nicht verdaut haben.
- Sie lösen körperliche Reaktionen wie Schmerzen, Brennen oder auch Hochgefühle aus und rufen an bestimmten Stellen Symptome hervor, obwohl ein Arzt vielleicht nichts finden kann.
- Sie sind oft mit einem Gefühl verbunden, das wir aus früheren Leben mitgebracht haben. Es kann immer wieder von Menschen, die wir treffen, ausgelöst werden und mit Gedanken und Gefühlen, die wir schon oft gehegt haben, aufgeladen sein – wie: »Mir wird nichts geschenkt« ... »Warum sieht mich keiner?«
- Violett in allen Schattierungen, Gelb, Gold und Dunkelrot sind oft die vorherrschenden Farben.

Schamanische Träume

Beim schamanischen Träumen steigen wir über den Traum in die geistige Energie ein, die alles mit allem verbindet. Es gibt unendlich viele Eintrittspunkte ins Aufwachen und Träumen sowie viele Schwellen, an denen die eine in die andere Welt übergeht. Einfache Handlungen wie Atmen, Spazierengehen, Gartenarbeit oder Essen, aber auch Anrufungen, Mantrasingen oder spirituelle Übungen können den Übergang herbeiführen. Mit der geistigen Energie steht uns eine Wissensquelle zur Verfügung, die wir jederzeit anzapfen können. Über sie erhalten wir Informationen über Kraft und Wirkung von Pflanzen, Plätzen, Menschen …

Im schamanischen Traum verbinden wir uns mit der Urquelle und der träumenden Natur der Dinge. Diese Technik erfordert persönliche Energie, Liebe und die Verbundenheit mit allem, was ist. Das heißt, wir müssen gelernt haben, uns mit dem universellen Energiefeld zu vereinigen, unsere sexuelle Energie zu lenken und Heilenergie, sprich einen Überschuss an Energie, der unser persönliches Pensum übersteigt, aufzubauen. Dies kann jederzeit und an jedem Ort willentlich und bewusst über bestimmte schamanische Techniken geschehen.

Früher haben die Heilkundigen mit den Pflanzen-, Baum-, Tier-, Wetter- oder Elementargeistern kommuniziert, verhandelt und von ihnen Informationen erhalten. Beim schamanischen Träumen verbinden wir Realität und Traum. Sie sind eins – wir wechseln lediglich die Zustände und Ebenen, schaffen Verknüpfungen, holen Träume in die Realität, lassen sie wahr werden und bringen zugleich Kraft und Energie zurück in die Träume.

Merkmale des schamanischen Traums

- Ein Mensch, der ganz in seiner Kraft und darüber hinaus in der Lage ist, Energie aufzubauen, kann an jedem Ort und zu jeder Zeit über den Traum in die feinstoffliche Energie einsteigen. Es gibt unendlich viele Portale, wobei das häufigste die Augen sind.
- Im schamanischen Traum schlagen wir die Brücke von der Traumebene in die Alltagswelt und umgekehrt. Realität und Traum sind eins, zusammen weben sie die Wirklichkeit.
- Auf übergeordneter Ebene findet eine Verbindung statt: Ich bin du, und du bist ich, wir sind nicht getrennt voneinander, und gemeinsam träumen wir den Traum der Heilung. Dadurch kann Genesung geschehen.
- Wir können unsere Aufmerksamkeit bewusst und willentlich verschieben.
- Informationen werden in die Realität gebracht, Kraft in die feinstoffliche Ebene zurückgegeben.
- Wir sind nicht getrennt von anderen Welten, alles ist eins. Handeln und Nichthandeln – die Polaritäten – heben sich auf. Unsere Körper und die verschiedenen Ebenen werden in Einklang gebracht.
- Eine Verbindung wird hergestellt, die das allmähliche Erwachen in die wahre Natur erlaubt.

»Verschmelzen in der Einheit:
Lasse den Traum Realität werden und die Realität ein Traum sein.«

Quelle unbekannt

Zweite Aufmerksamkeit

Für geistige Krieger, Schamanen, Yogis, Heiler, Hohepriester oder Eingeweihte ist das Träumen ein aktives Medium des Seins – das ist es für alle, die versuchen, sich der Wirklichkeit zu nähern. Der Begriff »Zweite Aufmerksamkeit« wurde von Don Juan Matus, dem fiktiven Lehrer des US-amerikanischen Ethnologen und Schriftstellers Carlos Castaneda, geprägt. Damit wird die hohe Kunst des Träumens bezeichnet.

Die Zweite Aufmerksamkeit ist das bewusste Träumen, und zwar sowohl im Wachzustand als auch im Schlaf. Das Träumen ist dabei eine zielgerichtete aktive Handlung zur Steuerung und Kontrolle der Zweiten Aufmerksamkeit. Wir verschieben unsere Aufmerksamkeit bewusst in die geistige Realität. Der Vorgang des aktiven Träumens ist Realität, er hat den gleichen Stellenwert wie unsere Erlebnisse im Tagesbewusstsein und unterscheidet sich von der Wirklichkeit nur dadurch, dass er nicht auf die begrenzten Ausschnitte der Welt fixiert ist. Er führt in die Unendlichkeit.

Bis wir die Kunst der Zweiten Aufmerksamkeit richtig beherrschen, kann es Jahrzehnte dauern. Dazu gehören Selbstdisziplin, Selbstkontrolle, Selbstbewusstsein usw. Wir müssen also persönliche Kraft aufbauen und über sie verfügen können, um diese Art des Träumens zu erfahren.

Ein Mensch, der diese Zweite Aufmerksamkeit beherrscht, kann anderen in Träumen nachreisen, sie über den Traum steuern, über den Traum heilen und die Wirklichkeit dessen erfassen, was ist. Wir lernen, die Einheit hinter allem zu verstehen.

Merkmale der Zweiten Aufmerksamkeit

- Wir haben persönliche Kraft aufgebaut und die Fähigkeit entwickelt, astral zu reisen.
- Wir haben gelernt, den »inneren Dialog« anzuhalten.
- Wir können unser Bewusstsein auch im Schlaf aufrechterhalten.
- Unsere Aufmerksamkeit wird von dem, was wir zu sehen glauben, verschoben zu dem, was wir wirklich sehen.
- Wir handeln bewusst, wobei wir unsere Energie steuern und kontrollieren können.
- Wir sind hellwach und bei vollem Bewusstsein.
- Vorgänge während des aktiven Träumens sind keine Visionen oder Imaginationen – sie sind Realität.
- Im Gegensatz zum Tagesbewusstsein führt das Traumbewusstsein in die Unendlichkeit.

Wir sehen: All diese Arten des Träumens sind fließend. Wir wechseln oft von dem einen in den anderen Zustand, bis wir nach und nach lernen, Kontrolle über unsere Träume zu erlangen. Letztlich unterscheiden sich in den verschiedenen Kulturen die Wege des Träumens und der Einweihung in das Träumen gar nicht so sehr voneinander. Es werden lediglich andere Begriffe, Ausdrucksformen und Zielsetzungen gewählt.

Es macht einen Unterschied, ob wir mit der Absicht träumen, zu heilen, zu helfen, persönliche Kraft aufzubauen, neue Dimensionen zu erforschen oder Erleuchtung zu erlangen. Unsere Absicht wird uns in sehr unterschiedliche Bereiche der geistigen Dimensionen bringen. Das Träumen und der Weg des Träumens sind jedoch eins.

Verschiedene
Traumwelten
118

Nachdem wir die verschiedenen Traumarten untersucht haben, wollen wir nun weitere Unterteilungen machen, um uns langsam weitere Facetten des Träumens zu erschließen.

Es gibt verschiedene Ebenen in den geistigen Welten, in denen wir uns im Traum bewegen. Um uns diesen Ebenen zu öffnen, müssen wir zuerst einmal verstehen, was die geistigen Welten sind. Als Grundlage für deren Aufbau sollen uns hier die Kabbala, die mystische Geheimlehre aus dem jüdisch-arabischen Kulturkreis, sowie alte mythologische, schamanische Vorstellungen dienen. In den folgenden Abschnitten werden wir die Ebenen, die diese Weltbilder beschreiben, betrachten und anschließend das Traumgeschehen darin einordnen.

Werfen wir zunächst einen Blick auf unseren Körper: Dieser besteht aus verschiedenen Schichten und Energien, die alle miteinander verbunden sind, sich gegenseitig beeinflussen, uns umhüllen und durchdringen:

- der physische Körper (fester Körper, Materie – Erde)
- der energetische Körper (Energie, Vitalität, Kraft – Feuer)
- der Emotionalkörper (Gefühle, Energie in Bewegung – Wasser)
- der Mentalkörper (Verstand, Geist, Gedanken – Luft)
- der Ätherleib (Lichtkörper, Seelenkörper), der aus drei Ebenen besteht:
    - dem Unterbewusstsein (alles, was wir mitgebracht haben – auch gute Kräfte; alles, was wir verdrängt haben; alles, was uns vererbt wurde)
    - dem Bewusstsein (innere Welt und äußere Welt, Eindrücke – jene, die wir sammeln, und jene, die wir hinterlassen)
    - dem Überbewusstsein bzw. Höheren Selbst (alles, was wir an guten Kräften und Möglichkeiten zur Verfügung haben, unser Seelenplan)

Entsprechend der Schichten gibt es Träume, die die physischen Probleme des Körpers ansprechen, und zwar als Reaktion auf zu wenig körperliche Betätigung, ungesunde Ernährung, Gifte, eine unnatürliche Lebensweise, sowie Träume, die die Selbstbeobachtung, die psychische und emotionale Wahrnehmung betreffen, und schließlich Träume, die geistige Führung offenbaren.

»In meines Vaters Hause sind viele Wohnungen.«

Johannesevangelium 14,2

Da wir im Traum nach Balance, Ausgleich und seelischen Lösungen suchen und unsere Energie sich durch die feinstofflichen Bahnen bewegt, können wir auf ganz verschiedenen Ebenen unterwegs sein. Mit diesem Kapitel möchte ich dich für diese Ebenen sensibilisieren.

Für einen ersten Überblick folgt nun eine – sehr vereinfachte – Darstellung der geistigen Welten im buddhistischen Weltbild, in der Kabbala und im schamanischen Weltenbaum.

Die sechs Daseinsbereiche im buddhistischen Weltbild

In Tibet hegt man die Vorstellung von den sechs Daseinsbereichen (Loka), die sich gegenseitig durchdringen. Die Wiedergeburt führt je nach selbst gewirktem Karma in einen dieser Bereiche. Sie sind auf positive oder negative Weise von feinstofflicher Energie durchwebt. Der Mensch, der Merkmale aus allen Bereichen trägt, hat zu jedem Verbindung und kann sich im Traum darin bewegen. Je nach Ausrichtung seiner Seele und dem Level der persönlichen Energie ist er in der Lage, die feinstoffliche Energie immer besser zu beherrschen. Ziel ist es, das reine Licht des Gewahrseins (die Buddha-Natur) zu entwickeln.

Die sechs Lokas

- **die Welt der Götter (Devas) – Kronenchakra**
  - höhere Anbindung: Übermittlungen von geistigen Lehren und Unterweisungen
  - niedrige Anbindung: lustvolle Zerstreuung, Stolz

- **die Welt der Halbgötter (Asuras) – Kehlchakra**
  - höhere Anbindung: Empfangen von Wahrheit und telepathischen Botschaften
  - niedrige Anbindung: Neid

- **die Welt der Menschen – Herzchakra**
  - höhere Anbindung: Mitgefühl, Hilfsbereitschaft, Liebe
  - niedrige Anbindung: Eifersucht

- **die Welt der Tiere – Nabelchakra**
  - höhere Anbindung: Kraft, Macht, Ausstrahlung, Fähigkeiten
  - niedrige Anbindung: Unwissenheit

- **die Welt der hungrigen Geister (Pretas) – Sakralchakra**
  - höhere Anbindung: Schöpfung, Beziehung, Austausch
  - niedrige Anbindung: Gier

- **die Welt der Höllenbewohner – Wurzelchakra**
  - höhere Anbindung: Lebensenergie, Erdung, Versorgung
  - niedrige Anbindung: Faulheit, Trägheit, Wut, Hass, Zerstörung

Die Kabbala

In der Kabbala gibt es neben den sieben Sphären (Götter und höchsten Kräfte, Erzengel und Seraphim, Engel und Genien, Menschen, Tierreich, Pflanzenreich, Reich der Minerale und Elemente) vier Welten. Diese sind verschiedenen Elementen und Ebenen zugeordnet. Mithilfe der Kabbala kann der Mensch ein besseres Verständnis von sich selbst bekommen und erkennen, wo er in der Schöpfungsordnung seinen Platz hat und was sein wahrer Daseinsgrund ist.

Die vier Welten

1. **Azilut – Die vollkommene und reine Welt**
   Kausalwelt – Welt der Ursache, Element: Feuer
   Geistiges Licht, Flamme, Licht, Stern, Unsterblichkeit, Auflösung von allem
2. **Beriah – Die Welt der Schöpfung Gottes**
   Mentalwelt – Gedankenwelt, Element: Luft
3. **Jezirah – Die Welt der Formung**
   Astral- oder Zwischenwelt, Element: Wasser
   Gemächer der Seele
4. **Assia – Die physische oder materielle Welt**
   Manifestierte Energie, Element: Erde

Nach der Kabbala verlässt unsere Seele den Körper im Schlaf. Während ein Teil von ihr im Körper verbleibt, reist ihre Essenz durch die spirituellen Welten. Im Traum ist die Seele frei. Sie erhält tiefere Einblicke und begegnet anderen körperlosen Seelen.

Der schamanische Weltenbaum

Der Weltenbaum ist ein Sinnbild für den Menschen. Er hat vier Ebenen, in denen sich die Energie bewegt.

Die vier Ebenen der Energie

1. **Universelle Energie: allumfassende Energie**
   Sie umgibt den Baum.
2. **Krone: Obere Welt**
   Welt der Götter, Meister, Meisterinnen, Engel, Naturgottheiten
3. **Stamm: Mittlere Welt**
   Diese Parallelwelt zu unserer setzt sich aus äußeren und inneren Erfahrungen zusammen. Der äußere Bereich wird oft als Gebirge dargestellt und der innere als Wald. Diese Welt ist das Spiegelbild der erlebten Wirklichkeit.
4. **Wurzeln: Untere Welt**
   Kraft, Krafttiere, Trieb und Instinkt, Reich der Wandlung und der Schatten, Ahnenreich, Wurzeln, Widerspiegelungen

Im Traum spiegeln sich die verschiedenen Ebenen unseres Bewusstseins wider. Auch in der modernen Psychologie finden wir die Aufteilung des Bewusstseins in vier Bereiche: Verbundenheit mit allem, höheres Bewusstsein, (Wach-)Bewusstsein und Unterbewusstsein.

Die verschiedenen Sphären

Unabhängig davon, welche Glaubenslehre und Tradition wir vertreten, können wir gewiss sein: Es gibt verschiedene Ebenen in den geistigen Welten, in denen wir uns im Traum bewegen. Sie fließen ineinander, haben höhere Schwingungsformen und niedrigere. Die Ebene, auf der wir uns bewegen, spiegelt unsere geistige Energie wider.

Spiritualsphäre

Vollkommene und reine Welt (kosmische universelle Kraft, höheres Bewusstsein, reines Gewahrsein)

Die Spiritualsphäre entspricht Azilut in der Kabbala und der Krone im schamanischen Weltenbaum. Wenn wir auf diese Ebene kommen wollen, ist es wichtig, dass wir persönliche Energie aufbauen und halten können. Dies erreichen wir durch spirituelle Praktiken wie Yoga, Tai Chi, Energieübungen, Meditation, Atemtechniken … Wenn wir uns der höheren Natur in uns öffnen und beginnen, in ihr zu erwachen, dann können wir im Traum auf dieser Ebene wandeln.

Traumkategorien:

- **Höhere Spiritualsphäre:** Wahrträume, prophetische Träume, Heilträume, Klarträume, Tempelschlaf, Astralreisen
- **Niedere Spiritualsphäre:** Wunschträume

Träume der **höheren Spiritualsphäre** haben oft irisierende Farben und sind von hell strahlendem Licht durchwirkt. Sie zeigen sich in bildhaften Gleichnissen: Wir fliegen hoch über den Dingen, etwas scheint auf uns herab, Lichter blitzen auf oder leuchten uns den Weg, klare überirdische Farben funkeln in der Luft, der Boden scheint unsichtbar, übernatürlich strahlend, klar. Wir träumen von unseren Meistern und Meisterinnen, die uns als strahlende Lichterscheinungen begegnen oder sich als solche in dem Raum manifestieren, in dem wir uns befinden. Wir erhalten geistige Botschaften, erfahren Heilung, höhere Wahrheiten und Weisheiten. Wir begegnen Engeln, Lichtwesen, lebendigen Farbphänomenen, Gottheiten, Heilern, Heilerinnen …, helfen anderen, öffnen Tore, sind unterwegs im Dienste Gottes, erhalten Segen, Beistand, Anweisungen … Wir sind und wirken im Einklang mit dem göttlichen Plan. Die telepathisch übermittelten Unterweisungen sind verständlich, und selbst wenn uns vielleicht unschöne Dinge gezeigt werden, so lösen sie keinerlei Emotionen aus. Die Träume sind klar, strahlend und einleuchtend, denn sie folgen kosmischen Gesetzmäßigkeiten.

Auch Träume der **niederen Spiritualsphäre** sind klar und hell, jedoch durchdrungen von unterschwelligen Begierden, Wünschen und Ängsten, die wir noch nicht gemeistert haben. Sie spiegeln sich darin auf subtile Weise wider, färben Fakten ein, manipulieren Ergebnisse … Deswegen ist es oft nicht so leicht, zwischen einem Wahrtraum und den eigenen Befürchtungen zu unterscheiden. Ein solcher Traum zeigt allerdings: Wir sind auf dem Weg in die höheren Ebenen. In diese Kategorie können z. B. auch Wunschträume fallen.

Mentalsphäre

Geist, Gedankenkraft, abstrakte Form des Denkens

Dies ist die Welt des Lernens und Verstehens, der Symbole und Metaphern. Träume dieser Sphären weisen luftige, abstrakte Elemente und kühle Farben auf, außerdem sind sie oft reich an Symbolen. Wir begegnen darin Formen und Dingen, die es in der Realität so nicht gibt: Gegenstände fliegen durch den Raum, wir laufen an Wänden und an der Decke entlang oder sausen durch abstrakte Landschaften, suchen vergeblich nach der richtigen Tür, versuchen, eine Telefonnummer zu wählen, und verwählen uns ständig … In diesen Träumen sehen wir aber auch Städte, Häuser und anderes vom Menschen Geschaffenes.

Traumkategorien:

- **Höhere Mentalsphäre:** Symbolträume, Prüfungsträume, Übergangsträume
- **Niedere Mentalsphäre:** prophetische Träume, Lernträume, Tagträume, Warnträume

Träume der Mentalsphäre haben oft etwas Absurdes und Unwirkliches. Auf der **niederen Mentalsphäre** drücken sie sich in Zahlen und Fakten, Worten, auch Fremdsprachen aus. Aus dem Formlosen können sich abstrakte Gegenstände und Formen bilden, die eckig, kantig, roboterhaft und manchmal aus Metall sind. Sie wirken häufig, als wären sie mit einem Computerprogramm entworfen. Lebendige Formen sind eher selten, und wenn sie erscheinen, dann sind sie mit mechanischen oder metallischen Formen durchsetzt. Weiterhin begegnen wir Wesen, die es in der Realität nicht gibt. Wir träumen oft in Metaphern, bleiben dabei emotionslos und kühl. Die geträumten Farben sind eher grau, gedämpft.

Wenn wir viele dieser Mentalträume haben, bedeutet das, dass wir zu sehr im Geist sind, zu häufig die Ebenen des Verstandes aufsuchen. Wir flüchten in höhere Sphären, damit wir Dinge, die unser Herz bewegen, nicht anschauen müssen. Doch dann erreichen uns unsere Themen in Form von Symbolen.

In Träumen der **höheren Mentalsphären** finden oft Unterweisungen und Unterricht statt. Wir empfangen Botschaften und können die abstrakt übermittelten Inhalte klar erfassen und umsetzen. Sie werden zu einer seelischen Erfahrung.

Astralsphäre

Emotion, Imagination, Abdruck in der Geistigen Welt

Die Astral- oder Zwischenwelt gehört zum Element Wasser. In der Kabbala ist die Astralsphäre Jezirah, der Welt der Formung, zugeordnet. Im schamanischen Weltbild befinden wir uns an den Wurzeln und spiegeln uns in den unterirdischen Quellen und Gewässern.

Auf dieser Ebene manifestiert sich die Energie und findet die verschiedensten Ausdrucksformen. Diese Welt spiegelt die unsere wider, ist jedoch durch unsere Energie gefärbt. In ihr sind wir am häufigsten unterwegs, wenn wir träumen. Dort befinden sich die unterschiedlichen Gemächer der Seele, außerdem unsere Schatten, unser wahres Potenzial, unsere geistigen Schätze und Talente, verdrängte Erfahrungen, Ahnenthemen, gesammelte Eindrücke, Dinge, die wir gesagt oder getan haben und die nicht ohne Folgen geblieben sind, usw.

Traumkategorien:

- **Höhere Astralsphäre:** Klarträume; Träume, in denen wir uns bewusst sind, dass wir träumen, und handlungsfähig sind

- **Niedere Astralsphäre:** kathartisch-samsarische Träume, Albträume, karmische Träume, Triebträume (z. B. Begierdeträume)

Träume der **niederen Astralsphäre** sind geprägt von emotionalen Elementen. Die Gefühle sind bestimmend und werden in Stimmungen, Farben und Bildern wiedergegeben, die eine Situation völlig überspitzt nachzeichnen – und zwar sowohl angenehm (kitschig, sentimental, romantisch, glückselig …) als auch unangenehm (düster, angstvoll, ausweglos, dunkel, sumpfig …).

In dieser Sphäre können wir Geister, Verstorbene, Spukgestalten, Krafttiere, Naturgeister und Personen treffen, die uns emotional stark berühren – gleich, ob positiv oder negativ. Wir erleben dort oft Situationen, die offenlegen, was wir seelisch noch nicht verarbeitet haben. So besuchen wir Räume der Vergangenheit, in denen sich Erinnerungen zeigen, die wir noch nicht wirklich überwunden haben. Der Verlust von Seelenanteilen, Schattengestalten, aber auch emotional geprägte Wünsche, Begierden, Visionen unserer Kraft und unserer Fähigkeiten sowie unsere inneren Schätze können dort zutage treten.

Die Bilder sind fließend, können schnell wechseln und erzeugen Emotionen aller Art. Die Energien sind in Bewegung, vermischen sich, fließen ineinander, ändern sich ständig. Die Landschaften sind organisch und mit natürlichen Merkmalen ausgestattet, sie wirken wirklich und zugleich unwirklich. Vielleicht befinden wir uns in unserem Zimmer, und doch ist einiges anders, als wir es im Wachbewusstsein wahrnehmen. So finden sich dort Menschen ein, die das Zimmer noch niemals betreten haben, oder Möbel der Großeltern stehen darin, obwohl sie in der alltäglichen Wirklichkeit gar nicht dort sind, usw. Bei diesen Träumen arbeiten wir das Tagesgeschehen auf, entgiften, versuchen, unsere Energie wieder ins Gleichgewicht zu bringen.

In Träumen der **höheren Astralsphäre** meistern wir unsere Emotionen. Wir stellen uns unseren Ängsten, unseren Schatten und überwinden sie. Wir setzen das Höhere gegen das Niedrige ein und lösen alte Blockaden auf. Wir verzeihen, vergeben, heilen.

In den vorangegangenen Kapiteln haben wir die Träume verschiedenen Kategorien zugeordnet. Der Traum selbst kann aber auch in verschiedene Phasen unterteilt werden, wie das folgende Kapitel unter anderem zeigen wird.

Wissenswertes
über den Schlaf

»Ist ein Mensch gesund, so träumt er logisch,
die Reihenfolge stimmt, die Geschehnisse sind schlüssig,
die Aussagen klar. Der Traum fördert die Erholung.
Ist eine Person erkrankt, so stellen sich verwirrende Träume ein.
Je schlimmer die Entstellung des Traums,
desto gravierender ist demzufolge das Leid.«

Hippokrates von Kos, Arzt im antiken Griechenland

Der Traum spiegelt unser seelisches Befinden wider. Bestimmte Abweichungen im Schlafverhalten und Entstellungen im Traumgeschehen können seelisches Leid, Stress und Krankheiten anzeigen (siehe Kapitel »Deutung von Traumsymbolen«, S. 144). Daher möchte ich an dieser Stelle ein paar allgemeine Hinweise zum Schlaf geben.

Was passiert, wenn wir schlafen?

»Der Traum ist ein seelischer Verdauungs- und Verarbeitungsvorgang.«

Quelle unbekannt

Während des Einschlafens verlieren wir zunächst die Kontrolle über unseren Gedankenablauf. Unsere Raum-Zeit-Orientierung nimmt ab. Wir »versinken« regelrecht. Schließlich dämmern Traumbilder herauf. Wir träumen in allen Phasen des Schlafs, doch sind wir uns dessen meist nicht bewusst.

Sinken wir in den Schlaf, so durchlaufen wir folgenden Prozess:

- Wir schließen die Augen.
- Wir öffnen uns unserer inneren Welt.
- Der Körper entspannt sich.
- Der Herzschlag wird ruhiger.
- Die Körpertemperatur fällt ab.
- Die Atmung wird flacher und regelmäßig.
- Die Muskeln entspannen sich und werden schlaff.
- Der Körper wird schwer und sinkt in sich zusammen.

Im Schlaf verlangsamt unser Körper den Stoffwechsel, auf diese Weise sparen wir Energie. In dieser Ruhephase erholen sich Körper und Geist, der Körper regeneriert sich und sorgt für seine Selbsterhaltung.

Die REM- und Non-REM-Schlafphasen

Der Schlaf ist ein zyklischer Vorgang, in dem das Gehirn hochaktiv ist. Laut Schlafforschung durchlaufen wir dabei vier Phasen – Einschlafphase, Leichtschlaf, Tiefschlaf und Traumschlaf. In den vier Schlafphasen (und dem Wachzustand, also dem Zustand vor dem Einschlafen und nach dem Aufwachen) erleben wir unterschiedliche Arten von Träumen:

- Wachzustand vor dem Einschlafen und nach dem Aufwachen – Tagträume
- **1. Schlafphase:** Einschlafen – Schwellenbewusstsein – Wachtraum
- **2. Schlafphase:** Leichter Schlaf – Tiefenbewusstsein – Träume auf verschiedenen Ebenen des Bewusstseins
- **3. Schlafphase:** Tiefschlaf – Astralprojektion
- **4. Schlafphase:** Traumschlaf (REM-Schlaf) – alle Arten von Träumen, auch außerkörperliche Erfahrungen

Unser Schlaf wird von zwei deutlich zu unterscheidenden Zustandsformen bestimmt: dem Non-REM-Schlaf (Non-rapid-eye-movement-Schlaf) und dem REM-Schlaf (Rapid-eye-movement-Schlaf). Innerhalb eines Schlafzyklus sinken wir zunächst in den leichten Schlaf (Phase 1 und 2), dann in den Tiefschlaf (Phase 3), anschließend wird der Schlaf wieder leichter. Am Ende eines solchen Zyklus steht die REM-Phase, auch Traumschlafphase genannt, in der wir besonders aktiv träumen.

Etwa alle 90 Minuten wiederholen sich diese vier Phasen in einer bestimmten Reihenfolge wie ein energetisches Muster, das man über die Hirnaktivität messen kann. Die Tiefschlafphasen werden dabei im Laufe der Nacht immer kürzer (schon ab dem dritten Zyklus haben wir fast keine Tiefschlafphasen mehr), während die leichten Schlafphasen und die REM-Schlafphasen deutlich zunehmen. Die ersten Schlafstunden sind entsprechend die tiefsten und erholsamsten. Im Alter nimmt die Schlafdauer übrigens ab, auch die REM-Phasen werden kürzer.

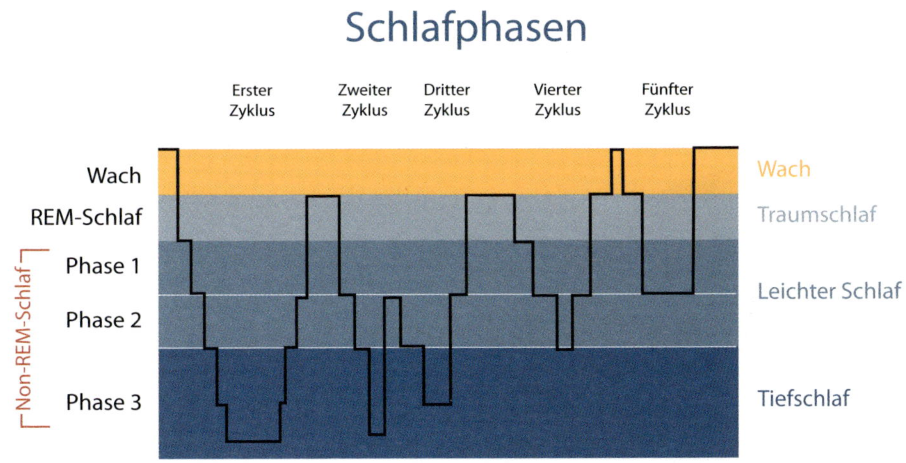

- Der **Non-REM-Schlaf** lässt sich in drei Phasen unterteilen. In Phase 1 und 2 ist der Schlaf leicht, in Phase 3 tief. In Phase1 können uns selbst leise Geräusche wecken. Den größten Teil des Schlafs verbringen wir in Phase 2. Mit der Durchwanderung der drei Phasen wird der Schlaf zunehmend tiefer. Der Tiefschlaf im ersten Nachtdrittel und insbesondere in den ersten beiden Stunden ist für die Erholung von Körper, Geist und Seele am wichtigsten.

- Im **REM-Schlaf** treten wir in den REM-Zustand ein, der durch schnelle Augenbewegungen gekennzeichnet ist, und träumen besonders aktiv. Wird ein Mensch in dieser Phase geweckt, dann berichtet er, dass er gerade geträumt hat. In dieser Phase des Schlafs ist die Muskelspannung so gut wie nicht vorhanden. Dennoch sind Muskelaktivitäten im Gesicht und an den Gliedmaßen deutlich sichtbar. Atmung, Blutdruck und Herzschlag sind höher und unregelmäßiger als in anderen Schlafphasen. 80 Prozent der Männer haben in dieser Traumphase eine Erektion, eine Tatsache, die Mediziner zuweilen bei der Diagnose von Erektionsstörungen zu Hilfe nehmen: Kommt es im REM-Schlaf zu Erektionen, liegt die Störung nicht im organischen Bereich.

Vier Stadien der Schlafaktivität

Die einzelnen Schlafphasen können anhand der elektrischen Aktivität des Gehirns gut voneinander unterschieden werden. Im Gehirn gibt es vier Stadien der Aktivität.

Je nach Schwingungen unterscheiden wir zwischen Beta-, Alpha-, Theta- und Delta-Wellen. Sie können den unterschiedlichen Schlafphasen und der Wachphase zugeordnet werden und werden nacheinander durchlaufen.

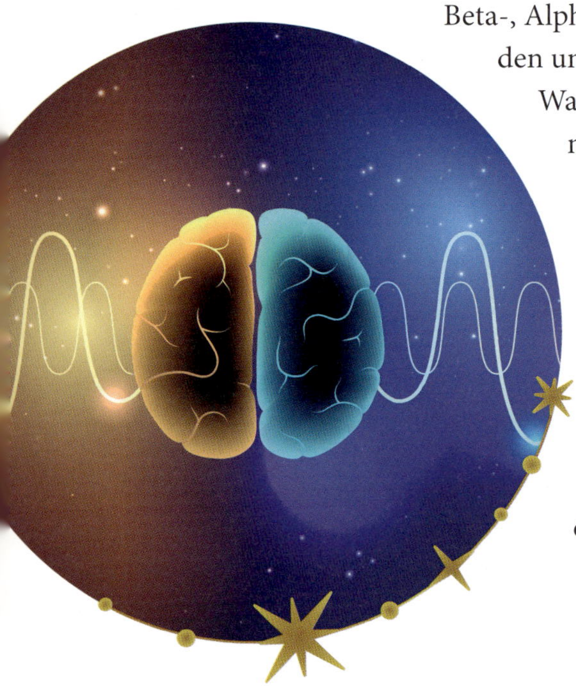

Beta-Stadium: Das Gehirn schwingt mit einer Frequenz von ca. 13 bis 30 Hz (Hz = Schwingungen pro Sekunde). Ab 30 Hz setzen Nervosität und Panik ein. In diesem Zustand sind wir hellwach, aktiv, auf dem Sprung, unsere Aufmerksamkeit liegt auf der Außenwelt und auf der Tätigkeit, die wir gerade ausführen.

Alpha-Stadium: Der untere Alphabereich (8–10 Hz) ist mit Selbstwahrnehmung und innerem Gleichgewicht, der obere Alphabereich (10–12 Hz) mit Zentrierung, Heilung und der Verbindung zwischen den Welten verknüpft. Im Alpha-Zustand sind wir entspannt, wach, mehr auf die innere Welt konzentriert, die Augen sind geschlossen. Schamanische Reisen finden meist auf dieser Frequenz statt.

Theta-Stadium: Diese Frequenz (4–7 Hz) ist der Einschlaf-, Leichtschlaf- und der REM-Phase zugeordnet. In diesem Stadium beginnen wir, zu träumen. Es ist ein meditativer Zustand, der von tiefer Entspannung, gesteigerter Kreativität und einer reichen Bilderwelt gekennzeichnet ist. Er ermöglicht einen Zugang zu unbewussten Potenzialen, und gewohnte Wahrnehmungsmuster können sich auflösen. Klarträume, Wachträume oder Astralprojektionen finden in diesem Zustand statt. Psychedelische Drogen versetzen das Gehirn ebenfalls in einen Theta-Zustand.

Delta-Stadium: Die niedrigsten Frequenzen (1–3 Hz) kennzeichnen den Zustand tiefster Entspannung. Er wird nur selten bewusst wahrgenommen, da er in der Tiefschlafphase eintritt. Leere, Nichts, Trance, Tiefenhypnose und außerkörperliche Erfahrungen fallen häufig in diesen Bereich. Nach dieser Phase kehrt sich die Reihenfolge um, bis man im Beta-Stadium wieder erwacht.

Der – eher geringe – Unterschied zwischen schamanischem Reisen und luzidem Träumen ist, dass wir bei Ersterem aus dem Wachzustand bewusst in die Anderswelt hinüberwechseln und die ganze Zeit bei klarem Bewusstsein bleiben. Beim schamanischen Reisen lernen wir, in Träume einzusteigen und nach und nach das Traumgeschehen zum Wohle aller zu beeinflussen. Zum luziden Traum kommt es hingegen nur im Schlaf. Wir sind direkt im Traumgeschehen unterwegs, in der Welt der Traumbilder, die sich deutlich vom Wachzustand unterscheidet.

Es folgt eine weitere, diesmal energetische Einteilung des Schlafs, die darauf basiert, dass in den verschiedenen Sequenzen des Nachtschlafs unterschiedliche Säfte angeregt werden.

Schlafsequenzen

22.00 – 24.00 Uhr: Erinnerungen steigen hoch – Gefühle melden sich
In dieser Zeit sind unsere Träume wässrig. Wir sinken ein, und das, was aufsteigen will, wallt aus unseren unteren Regionen herauf wie Nebel: alte Erinnerungen, die vielleicht durch aktuelle Situationen hervorgeholt wurden, verdrängte Erfahrungen aus der Vergangenheit, gesammelte Eindrücke des aktuellen Tagesgeschehens und damit verbundene Gefühle.

0.00 – 4.00 Uhr: Magischer, feuriger Teil – Wandlung und Verarbeitung
In diesen Stunden sind die Träume feurig und gegenwärtig. Sie sind magisch, schnell, bunt, stark emotional, heftig, oft auch grell, gelb, rot, intensiv und sehr lebendig. Alles ist scharf, präsent, klar, deutlich. Emotionen aller Arten zeigen sich deutlich. Die Energien werden herumgewirbelt und mit allen Mitteln umgewandelt – Mitternacht ist Geisterstunde. Hier träumen wir sehr intensiv. Dies ist auch oft die Phase, in der wir Albträume haben.

4.00 – 7.00 Uhr: Ruhe kehrt ein – neue Kräfte fließen hinzu
Morgens sind die Träume luftig. Wir träumen vom Fliegen, verlassen vielleicht unseren physischen Körper, sind weit weg und ganz ruhig. In dieser Phase kommt es am ehesten zu gegenwartsbezogenen oder in die Zukunft gehenden prophetischen Träumen. Luftträume sind oft blau und gehen mit viel Veränderung und Bewegung einher: Wir fliegen, fahren, reiten … Wir beginnen, die Geräusche der Außenwelt wahrzunehmen. Der Schlaf wird leichter.

Wenn wir nach einem unangenehmen Traum in bester Laune aufwachen, zeigt uns das, dass sich viel negative Energie lösen und befreien konnte. Wir sehen also: Im Traum, in der Nacht, sind wir alles andere als inaktiv. Allerdings sind wir uns häufig der in dieser Zeit ablaufenden Vorgänge nicht oder nur zum Teil bewusst. Schlaf ist wichtig für unsere Seele, denn darin findet sie Raum und Zeit, ins Gleichgewicht zu kommen.

Wie viel Schlaf braucht ein Mensch?

Für einen gesunden Menschen beläuft sich die durchschnittliche Schlafdauer auf sieben bis acht Stunden (wir brauchen ungefähr 10 bis 15 Minuten zum Einschlafen). Gemäß wissenschaftlichen Studien reichen fünf Stunden Tiefschlaf aus, um für den nächsten Tag erholt zu sein. Menschen, die voller Energie sind und spirituell arbeiten – also meditieren und andere spirituelle Übungen ausführen –, brauchen meist deutlich weniger Schlaf als der Durchschnitt, ihnen reichen oft vier Stunden.

Was sind Schlafstörungen?

Körperliche und seelische Leiden beeinflussen Schlaf und Traum negativ. Von Schlafstörungen sprechen wir …

- wenn wir sehr lange brauchen, um einzuschlafen.
- wenn wir in der Nacht häufig aufwachen.
- wenn wir deutlich vor der Weckzeit hellwach sind.
- wenn die Schlafdauer über zwölf Stunden liegt und wir danach trotzdem müde sind und uns zerschlagen fühlen.
- wenn wir zu viele wirre Träume oder gar keine Träume haben.

Chronische Schlafstörungen werden in Dyssomnien (Ein- und Durchschlafstörungen, aber auch übermäßige Schläfrigkeit) und Parasomnien (schlafbegleitende Störungen, die den Schlaf beeinflussen, z. B. Schlafwandeln und Albträume) unterschieden.

Ist die Leistungsfähigkeit am Tag – trotz der Abweichungen von den bekannten Durchschnittswerten – nicht eingeschränkt, fühlen wir uns gut, so besteht kein Anlass, etwas am Schlafverhalten zu verändern. Frage dich: »Bin ich am Morgen fit oder nicht?« Falls nicht, findest du hier Ursachen für und Maßnahmen gegen verschiedene Schlafstörungen.

Unruhiger Schlaf

Unruhiger Schlaf, ständiges Unausgeschlafensein, ungewolltes Einschlafen am Tag, Schnarchen, Atemaussetzer (Schlafapnoe) u. Ä. weisen auf einen ungesunden Lebenswandel hin. Dadurch kann die Seele ihr Gleichgewicht nicht finden. In diesem Fall sind ein gesundes Essverhalten, ausreichend Bewegung und positives Denken sowie Achtsamkeit wichtig. Wenn wir Ausgewogenheit in unseren Tagesablauf hineinbringen, so wird sich dies im Schlafverhalten widerspiegeln.

Zu viel Schlaf

Wenn jemand ständig müde ist oder gar dazu neigt, plötzlich und unkontrolliert einzuschlafen (Narkolepsie), bedeutet dies, dass er unter Energiemangel leidet. Man könnte ihn auch als »des Lebens müde« bezeichnen. Ein solcher Mensch benutzt den Schlaf als eine Art Flucht vor dem Leben, weil er in irgendeiner Weise traumatisiert wurde. Er möchte nicht hier sein und teleportiert sich mit dem Schlafen aus dieser Welt hinaus. Obwohl er viel schläft, ist er weder erholt noch kraftvoll oder gar voller Energie.

Bei diesem Krankheitsbild ist es wichtig, dass wir uns aktiv auf die Suche nach unserer Kraft begeben. Allerdings sollten wir uns darüber im Klaren sein, dass innere Prozesse viel Zeit brauchen. Seelenrückholung, Gesprächstherapie oder Familienaufstellungen können helfen, das Trauma zu lösen und die Lebensenergie zurückzugewinnen.

Schlafwandeln

Das Schlafwandeln (Somnambulismus) galt in unserer Gesellschaft lange als Anomalie und Krankheit, zumal es für den schlafwandelnden Menschen gefährlich werden kann. Es hängt oft mit den Mondphasen zusammen und tritt am häufigsten bei Vollmond auf. Meist findet es im ersten Drittel der Nacht statt und kann bis zu einer Stunde andauern. Schlafwandelnde verlassen ihr Bett und wandern in der Gegend umher. Sie haben oft einen leeren, starren Gesichtsausdruck und folgen stur einer Lichtquelle, vorwiegend dem Mondlicht. Am nächsten Morgen können sie sich in der Regel nicht mehr an ihre nächtliche Rastlosigkeit erinnern.

Mit unglaublicher Sicherheit und einer guten inneren Führung spazieren sie über Hausdächer und entlang gefährlicher Klippen. Sie dürfen in solchen Situationen keinesfalls geweckt werden, da sie sonst erschreckt aufwachen und sich schwer verletzen könnten. Ihr Traumkörper, Astralkörper, bleibt mit ihrem physischen Körper während des »Schlafens« fest verbunden. Sie merken jedoch nicht, dass sie ihren physischen Körper auf ihren Wanderungen mit sich tragen.

Schlafwandelnde sind Suchende – sie suchen das Licht, ihre geistige Heimat, ihr wirkliches Zuhause, sich selbst. Sie wissen, dass das, was sie im Alltag sehen, hören und fühlen, nicht alles ist, dass es mehr gibt, als wir im Allgemeinen glauben. Sie haben einen untrüglichen Instinkt und eine starke innere Führung. Meine persönliche Erfahrung hat gezeigt: Wenn Schlafwandelnde anfangen, sich ihrer geistig-spirituellen Natur zu öffnen, wenn sie ihre wahre Kraft entwickeln und sich speziell dem Träumen öffnen, dann hört das Schlafwandeln auf. Sie kommen bei sich an.

Überflutung mit Traumbildern

Es gibt Menschen, die schließen die Augen und werden regelrecht von Traumbildern überschwemmt. Sie können im Traum einfach nicht abschalten. Dies sind oft Menschen, die ihre persönliche Kraft nach außen gerichtet haben und sehr viel im Außen unterwegs sind. Sie nehmen tagsüber so viel auf, dass sie nachts von den gespeicherten Eindrücken überflutet werden.

Diese Menschen sollten sich verschiedener Entspannungstechniken bedienen, mit denen sie lernen, ihre Gedanken abzuschalten. Es ist wichtig, dass sie Zeit mit sich allein und in der Natur verbringen, dass sie sich immer wieder – auch während des Tages – Zeit nehmen, die äußeren Eindrücke zu verarbeiten und dass sie sich dem Leben und den folgenden Fragen bewusst zuwenden: »Was möchte ich in meinem Leben wirklich tun? Welches Lebensziel habe ich? Was bedeutet für mich Glücklichsein? Wie kann ich meinen Lebenstraum verwirklichen? Welche Talente kann ich in die Welt bringen?«

DINGE, DIE EINEN GESUNDEN SCHLAF FÖRDERN

Wenn wir einen gesunden Lebenswandel praktizieren, haben wir auch einen gesunden Schlaf. Es ist wichtig, am Tag munter zu sein und aufmerksam mit uns selbst umzugehen, auf unseren Umgang, unsere Ernährung, unsere Bewegung und unsere Erholungsphasen zu achten. Im Folgenden findest du Tipps für einen erholsamen Schlaf.

Atem: Atme mehrfach am Tag tief und entspannt ein und aus.

Beten: Bete, z. B. am Abend vor dem Zubettgehen. Beten dient der inneren Ausrichtung. Du rufst damit höhere Kräfte an deine Seite.

Bilder: Platziere Bilder von Engeln, Meistern und Meisterinnen, höheren Wesen oder Dingen, die dir wohltun, in der Nähe deines Bettes.

Entspannung: Praktiziere Entspannungsübungen wie Yoga, Meditation, Progressive Muskelentspannung oder Tai Chi.

Farben: Umgib dich mit den Farben Blau und Weiß, z. B. in Form deines Schlafanzugs, deiner Bettwäsche, deiner Schlafzimmerwände oder eines Tuchs. Du kannst dich aber auch vor dem Einschlafen auf die Farbe deiner Wahl konzentrieren. Blau und Weiß stehen u. a. mit Schutz, Innenschau, geistiger Führung und Lebensenergie in Verbindung.

Frische Luft und Bewegung: Halte dich tagsüber viel an der frischen Luft auf, lüfte deine Räume regelmäßig, und bewege dich ausreichend.

Kerze: Zünde eine Kerze an. Kerzenlicht ist natürlich, es trägt zur Entspannung bei. Wenn du eine Kerze als Nachtlicht in deinem Zimmer aufstellst, achte darauf, dass sie an einem sicheren Platz steht und nichts passieren kann, insbesondere, nachdem du eingeschlafen bist.

Kräuter: Umgib dich mit dem Duft von Lavendel, Hopfen, Melisse, Passionsblume, Baldrian, Geranie. Du kannst sie verräuchern, als ätherische Öle in die Duftlampe geben oder auf den Körper auftragen, z. B. auf die Handgelenkinnenseiten oder die Fußsohlen. Du kannst sie auch bei einem Entspannungsbad, etwa 30 Minuten vor dem Zubettgehen genommen, einsetzen, außerdem als Kräuterkissen oder Gutenachttee.

Liebe: Liebe schenkt Geborgenheit und Sicherheit. Gesten der Liebe fördern den Schlaf – ein liebes Wort, ein Gutenachtkuss, eine liebevolle Geste wie Streicheln, Loben … Wenn du allein bist, stelle dir die Liebe einfach vor, z. B. als Bild der Großen Mutter, die dich in ihren Armen sicher hält und in den Schlaf wiegt.

Mudra: Es gibt ein Mudra (eine Handhaltung), das den Schlaf fördert. Dazu führe die Kuppen von Daumen und Zeigefinger der rechten Hand zusammen, außerdem die Kuppen von Daumen und kleinem Finger der linken Hand, die anderen Finger bleiben locker und leicht gebeugt. Dann konzentriere dich auf den feinen Energiestrom, und halte das Mudra zehn Minuten lang. Wiederhole es mehrere Male am Tag, wenn du möchtest.

Musik: Ruhige Entspannungsmusik kann zu einem gesunden Schlaf beitragen.

Nahrungsmittel: Dem Schlaf förderliche Nahrungsmittel sind Bananen, Kartoffeln, Sojabohnen, Erdbeeren, Mangos, Brokkoli, Blumenkohl, Wirsing, Roggen, Hafer, Gerste, Reis, warme Milch mit Honig, Nüsse und Äpfel. Ernähre dich im Allgemeinen gesund und ausgewogen.

Reflexion: Es trägt zu deinem ruhigen Schlaf bei, wenn du am Abend, vor dem Schlafengehen, den Tag aufarbeitest und dann gehen lässt. Lobe dich selbst für das, was gut war. Du erhältst viele neue Gelegenheiten, aus Fehlern zu lernen und die dadurch gewonnenen Erkenntnisse anzuwenden.

Reizstoffe: Vermeide ab mittags Reizstoffe wie Nikotin, Kaffee oder Alkohol.

Schlafplatz: Leidest du unter Schlafstörungen, so solltest du deinen Schlafplatz auf kalte Außenwände, radiästhetische Störungen wie Wasseradern, Strahlenbelastung durch Antennen, Elektrosmog etc. und energetische Verunreinigungen hin untersuchen.

Schlafrituale: Erschaffe dir ein Schlafritual. Ein Ritual gibt dir Sicherheit und bereitet dich auf das Einschlafen vor (siehe »Traumpraxis: Vorbereitung auf den Schlaf«, S. 180).

Schweres Essen und Rohkost: Iss ab 16 Uhr keine Rohkost, da deren Verdauung umso mehr Gärung erzeugt, je später am Tag sie gegessen wird. Nach 18 Uhr solltest du außerdem keine fettreiche und schwere Kost mehr zu dir nehmen, das belastet deinen Organismus zu sehr, und die Aktivitäten des Verdauungsapparates stören deinen Schlaf.

Deutung von Traumsymbolen

Was ist ein Symbol?

Auf einer schamanischen Reise bekam ich einmal Bohnen geschenkt, mit denen ich – zunächst – nichts anfangen konnte. Sie würden mich beschützen, war damals die Botschaft der Spirits. Wochen später hatte ich einen Traum: Ich befand mich in einem Keller und wurde bedroht. Schritte kamen immer näher, und ich hatte keine Möglichkeit, zu entkommen. Ich wusste, der Mensch, der da nahte, wollte mir etwas antun. Plötzlich fielen mir die Bohnen ein. Ich holte eine aus meiner Tasche, und in dem Moment, als sie den Boden berührte, wuchs eine Ranke aus dem Boden, und ein Blatt trug mich auf die nächste Ebene, wo ich in Sicherheit war. So akzeptierte ich die Bohne als Schutzsymbol.

Symbol heißt im Tibetischen »dade«, »da« bedeutet »Zeichen« und »de« »Omen«. Auf unserem Weg erhalten wir viele große und kleine Zeichen. Omen sind Vorzeichen größerer Ordnung, die Gutes oder Schlechtes für Projekte und Neuanfänge aller Art verheißen.

»Symbole sind die universelle Sprache der Träume.«

Quelle unbekannt

Jedes Symbol hat eine tiefere Bedeutung. Wahre symbolische Bedeutung ist universell, sie ist für alle gleich. Wir Menschen weisen, trotz unserer unterschiedlichen Lebensumstände, gleiche Wesensmerkmale auf. So sind z. B. unsere Organe auf dieselbe Weise angeordnet: Unser Herz schlägt immer in der Brust. Wir alle nehmen Nahrung auf und scheiden Reststoffe aus …

Es gibt universelle Symbole, kulturelle Symbole und Symbole, die für einen persönlich gelten. Letztere können wir in unserem Leben selbst geschaffen haben – wir haben die Verknüpfung hergestellt, die das Symbol hat entstehen lassen. Diese persönlichen Symbole hängen von unseren Lebenserfahrungen ab. Verlieren wir z. B. einen Menschen und hatte dieser eine bestimmte Angewohnheit, vielleicht rauchte er Pfeife, so kann diese zu einem Symbol für diesen Menschen werden.

Beispiele für Symbole, die fast immer dieselbe Bedeutung haben:

- **Wasser:** Quelle des Lebens, Emotionen, Geist
- **Schiff:** Reise
- **Feuer:** Reinigung, Zorn, Wut, Zerstörung
- **Haus:** Körper, Heim

Doch universelle Symbole können auch verschiedene Bedeutungen haben, je nachdem, wie sie sich uns zeigen. Wenn uns Symbole begegnen, sollten wir sie auf Nutzen und Qualität hin überprüfen. Beispielsweise kann klares, sauberes, fließendes Wasser für Reinigung, Reichtum, Fülle und Energiefluss stehen, schmutziges Wasser für Stagnation, Krankheit und Trauer.

Es ist wichtig, dich zu fragen:

- Was für ein Symbol ist es?
- Welche universelle Bedeutung hat es?
- Welche persönliche Bedeutung hat es?
- Was löst es in dir aus (gutes Gefühl, schlechtes Gefühl)?
- Wie zeigt es sich? In welchem Umfeld triffst du es an, welche Bewegung vollzieht es dabei?

Wichtig ist auch, wer träumt – Mann oder Frau? Denn entsprechend können Symbole unterschiedliche Bedeutungen haben. Schnee kann z. B. beim Mann Glück in der Aktivität bedeuten und bei der Frau, dass sie alte Emotionen hinter sich lassen kann, dass sie Frieden in sich findet.

Wie ist das Gefühl in dem Moment, in dem wir aufwachen? In welchem Zustand, in welcher Verfassung sind wir? Sind wir gesund oder krank, sind wir körperlich fit, oder geht es uns schlecht …? Entsprechend ist die Traumsymbolik jeweils anders zu interpretieren. Für einen Menschen, der schwer krank ist, kann ein Traum von Gold ein Hinweis auf seinen baldigen Tod sein, bei gesunden Menschen hingegen kann dies auf unerwarteten Reichtum hindeuten.

Symbole, die wir allgemein mit dem Träumen verknüpfen

An dieser Stelle soll es (noch) nicht um die Symbole gehen, die uns im Traum begegnen und die wir individuell deuten können, sondern um solche, die wir allgemein mit dem Träumen in Verbindung bringen.

Auge, Horusauge: Das Auge ist ein Zeichen der Kontrolle und des Bewusstseins. Es ist das Symbol der luziden Träume und der Traumkontrolle. Es steht also für die Fähigkeit, im Traum wach zu sein.

Bett, Schlafanzug: Unser Bett und unsere Decke geben uns Geborgenheit und Wärme, außerdem halten sie unseren physischen Körper warm. Der Schlafanzug ist das Gewand der Nacht. Wir legen die Kleider des Tages ab, um uns dem Angesicht der Nacht zuzuwenden. In unserem Schlafzimmer können wir uns vom Tag erholen. Es sollte ein Ort der Kraft sein und wenige Alltagsgegenstände enthalten. Morgens ist es empfehlenswert, die Betten zu lüften und die Träume der Nacht aus den Federn zu schütteln.

Füße: Am Tag berühren wir mit den Füßen den Boden der Realität, des Nachts wandeln wir auf den Traumpfaden. Die Füße sind dem Sternzeichen Fische zugeordnet – dem Weg des Träumens und unserer geistigen Essenz.

Gebet, Zwiesprache: Gebet und Zwiesprache helfen uns dabei, uns auszurichten, sodass wir uns im Traumzustand geschützt und behütet fühlen.

Höhle: Die Höhle steht für den Eintritt in den Traum und in die Anderswelt. Sie bietet Schutz vor der Außenwelt und ist der Zugang zu den Traumpfaden der Seele.

Kerze: Kerzen verbrennen Materie zu geistiger Essenz.

Kristalle, Kraftorte: Beides sind Traumverstärker. Sie helfen uns dabei, im Traum zu erwachen, außerdem verleihen sie uns Klarheit.

Kuscheltier: Es symbolisiert die guten Kräfte, die uns des Nachts begleiten und über uns wachen.

Mond, Mondlicht: Das Mondlicht steht für das Astrallicht, das unser Bewusstsein in einer Parallelwelt widerspiegelt (die Sonne, die den Mond anstrahlt). Es gibt uns Aufschluss über unsere Verfassung, entsprechend ist das Bild klar bis völlig verzerrt. Das Mondlicht steht auch für unsere Intuition, für unsere Führung auf unserem Weg durch die Dunkelheit. Die Kraft des Mondes und die Bewegungen des Wassers, unsere Emotionen, hängen zusammen. Der Mond kann unser Traumgeschehen steuern und sein Licht alle Bereiche unseres Seins erhellen – sowohl unser Licht als auch unsere Schatten.

Nacht oder Dunkelheit: In der tiefsten, dunkelsten Nacht wird das Licht wiedergeboren. In der Nacht folgen wir dem Licht unserer Seele.

Salz: Salz ist ein Schutzsymbol und ein gutes Mittel zur Reinigung. Fühlen wir uns energetisch verschmutzt, können wir ein Salzbad nehmen oder uns mit Salz abreiben. Wollen wir eine schamanische Reise machen, können wir uns zuvor mit einem Schutzkreis aus Salz umgeben.

Silber: Silber steht für die erste Veredelungsstufe des Geistes und für Schutz. Es symbolisiert den Spiegel und den Widerschein, in ihm können wir uns selbst – unser Sein – reflektieren und erkennen.

Silberschnur (auch »Astralschnur« genannt): Die Verbindung zwischen dem Geistkörper und dem physischen Körper ist die Silberschnur. Sie wird als weiß bis silbrig beschrieben und kann an verschiedenen Stellen im Körper austreten, z. B. an Stirn, Hinterkopf, Brust, Milzgegend, Magen … Wenn ein Teil der Äthersubstanz, die uns alle durchdringt, den Körper verlässt, so bleibt diese mit dem Körper verbunden. Auf diese Weise kann die Äthersubstanz jederzeit wieder in den Körper zurückgeführt werden. An der Stelle, an der die Silberschnur in den physischen Körper einmündet, verbreitet sie sich kegelförmig. In den alten Legenden und Mythen finden sich viele Geschichten über die Silberschnur. In der nordischen Mythologie z. B. begegnet sie uns bei den drei Nornen (Urd, Verdandi und Skuld), die den Lebensfaden spinnen, bemessen und zuletzt abschneiden. Wenn unsere Zeit gekommen ist, reißt die Silberschnur oder löst sich vom physischen Körper ab. Der irdische Körper geht zurück in die Erde, und der geistige tritt seine große Reise in die höheren Gefilde an.

Traumfänger: Dieses Netz, das aus dem Kulturkreis der indigenen Völker Nordamerikas zu uns fand, fängt die Träume und zerstreut die schlechten, die guten leitet es durch die Mitte des Netzes zu uns.

Traumkörper: Der Traumkörper ist eine körperliche Erscheinung, die dann auftritt, wenn Traumbilder mit körperlichen Empfindungen und Symptomen einhergehen. Wir können am Morgen in unserem Traumkörper fühlen, wo der Traum nachwirkt, und diesem nachspüren.

Tiere: Nachtaktive Tiere wie Katze, Wolf, Eule oder Fledermaus stehen für die Astralreise und die Astralprojektion. In den alten Überlieferungen heißt es, dass sich die Seele im Traum in ein nachtaktives Tier verwandelt. Katzen sind zudem geistersichtig und in der Lage, Menschen zu erkennen, die in ihrem Ätherkörper unterwegs sind. Das Schaf gehört ebenfalls zu den Tieren des Traums, es steht für die sanfte, zarte Seite, der wir uns öffnen sollen. Viele Schlaflieder und das berühmte Schäfchenzählen als Einschlafhilfe weisen darauf hin.

Waschungen: Sie reinigen unseren Körper und bereiten ihn auf die Nacht vor.

Wasser: An Quellen und Seen trifft sich im Mondschein die Geisterwelt zum ewigen Reigen, denn Wasser stellt das Leben dar. Es ist der Spiegel unserer geistigen Existenz. Wasser trennt oft die eine Welt von der anderen, bietet uns aber auch Zugang dazu. Im Wasser offenbaren sich die unbewussten Kräfte, unter seiner Oberfläche finden wir die tieferen Schichten unserer Seele.

Zweites Gesicht: Neben unserer physischen Existenz haben wir noch eine geistige, unsterbliche Natur, Teil dieser ist unser Zweites Gesicht. Wenn das Zweite Gesicht erwacht, wenn wir lernen, es wahrzunehmen, dann erwacht langsam unsere geistige Natur.

Traumdeutung

Jeder Mensch kann seinen
eigenen Traum besser deuten
als irgendein anderer, weil
der Traum Symbole beinhaltet,
die aus der Tiefe des eigenen
Unterbewusstseins stammen.
Es ist wichtig,
seinen Traum selbst zu verstehen,
denn Träume können aufwecken
und dem Leben eine neue
Richtung geben.

Traumdeutungsbücher sind wichtige Quellen, in denen wir hilfreiche Hinweise zur Deutung von Symbolen finden. Das Traumgeschehen verstehen wir jedoch erst, wenn wir einen Bezug zur Alltagsrealität herstellen und im Traumkörper unserem Traum ganz bewusst nachspüren. Je mehr wir das üben, desto besser gelingt es uns, unsere Träume zu deuten, zu verstehen und den Zeichen, die sie uns senden, Aufmerksamkeit zu schenken.

Wenn uns etwas im Traum »begegnet«, sollten wir uns fragen, woran es uns erinnert und was uns zu dem betreffenden Element aus unserem Traum einfällt. Darüber hinaus ist es wichtig, die eigenen Lebensumstände zu beachten: Sind wir weiblich, männlich, erwachsen oder noch ein Kind? Sind wir gesund oder krank? Widmen wir uns regelmäßig spirituellen Praktiken? Denn je nach Gegebenheiten kann die Symbolik eines Traums Unterschiedliches bedeuten.

Meine Absicht hinter dieser Relativierung der Deutung von Traumsymbolen ist nicht, dich zu verwirren, sondern dich zu sensibilisieren: Wir können eine bekannte Symbolik nicht jedem gleichermaßen überstülpen. Dieselbe Symbolik kann von Mensch zu Mensch sehr unterschiedliche Botschaften beinhalten.

KLEINE ANLEITUNG ZUR TRAUMDEUTUNG

Träume zu deuten, ist oft gar nicht so leicht. Häufig analysieren und »sezieren« wir den Traum mit unserem Verstand, was dazu führt, dass er sich uns entzieht und wir ihn nicht verstehen und entschlüsseln können. Viel wirkungsvoller ist es, ihn noch einmal vor dem inneren Auge ablaufen zu lassen. Versuche dabei, den Traum als Ganzes zu betrachten. Finde den Schlüssel, das Hauptsymbol, beachte auftretende starke Farben, hervorstechende Elemente, Gegenstände, Figuren … Schreibe auf, was du für den Schlüssel hältst. Schon dabei wirst du eine Veränderung und eine neue Tiefe spüren – Träume haben eine ganz eigene Magie.

Betrachte deine Aufzeichnungen, und frage dich:

- Wo stehst du gerade in deinem Leben?
- Was hat dich am Tag vorher beschäftigt?
- Wie war die Grundstimmung im Traum?
- Welche Personen kamen darin vor – was bedeuten sie für dich?
- Lasse die Symbole in Gedanken an dir vorbeifließen, und schaue: Was lösen sie in dir aus? Angenehme Gefühle, Weite, Enge …?
- Welche Symbole und Szenen waren für dich besonders bedeutungsvoll? Warum?
- Was war die Hauptbotschaft, das Dominante in deinem Traum?
- Was möchte dir der Traum in Bezug auf dein Leben sagen?
- Was würdest du anders machen, wenn du diesen Traum noch einmal träumen könntest oder wenn du das, was im Traum geschah, in deinem wirklichen Leben erfahren würdest?
- Wie fühlst du dich nach dem Aufwachen?

Wenn du mit deiner Deutung nicht weiterkommst, sprich ein Gebet, bitte dein Höheres Selbst, Gott, die Quelle, um Hilfe und Einsicht in die Bedeutung deines Traums.

»Die Seele prophezeit alles, was sich im Lauf der Zeit über kurz und lang ereignen wird, durch eigene natürliche Bilder. Alle Traumgesichte, die etwas Unheilvolles bedeuten, haben für den Träumenden weniger unheilvolle oder vielleicht gar keine Folgen, wenn seine seelische Stimmung dabei gehoben ist. Umgekehrt gehen alle Traumgesichte, die etwas Gutes bedeuten, nicht in Erfüllung oder jedenfalls in geringerem Maß, wenn die seelische Stimmung gedrückt ist. Deswegen soll man jeden danach befragen, ob er in guter oder schlechter Gemütsverfassung geträumt hat.«

Artemidoros von Daldis, Gelehrter im antiken Griechenland

Die folgenden Erläuterungen sollen lediglich einen kleinen Einblick in die Vielschichtigkeit von Traumsymbolen geben und dich dafür sensibilisieren: Wir unterscheiden allgemeine Symbole, positive Traumsymbole (P), positive Symbole mit positivem Ausgang (PP), positive Symbole mit negativem Ausgang (PN), weiterhin negative Symbole (N), negative Symbole mit negativem Ausgang (NN) und negative Symbole mit positivem Ausgang (NP).

Beispiele für allgemeine Symbole:

Berg: Führung, Arbeit
Dunkelheit: etwas Verborgenes
Hände: Schaffenskraft
Haus: Körper
Kleidung: Energie, die uns umgibt und in die wir eingebettet sind
Licht: Führung
Nahrung: Energie
Wiese: Erholung

Beispiele für positive Symbole (P):

Licht, Engel, Gottheiten, Meister und Meisterinnen, Gold, strahlende Farben, Regenbogen, Blumen in leuchtenden Farben, Tiere (z. B. Delfine, Pferde,

Schmetterlinge, Kolibris), fließendes klares Wasser, saftige grüne Wiesen, reine sprudelnde Quellen, strahlende Kleidung …

Positive Symbole mit positivem Ausgang (PP):

Behältnisse: Behälter wie Schalen, Kelche, Truhen oder Brunnen, die gefüllt sind, aus denen wir schöpfen können, stehen für Potenzial, Sinnesfreuden und Kraft.

Berühmte Menschen: Wenn wir von berühmten Menschen träumen, bedeutet das, dass wir die gleichen Qualitäten und Möglichkeiten wie diese Personen in uns tragen.

Blumen: Weiße und gelbe Blumen stehen für Unterstützung durch gute Kräfte und für gute Ergebnisse, den rechten Weg und Erfolg.

Essen: Gutes und natürliches Essen steht für Gesundheit und vitale Lebensenergie.

Fisch: Der Fisch als Symbol des Lebens ist ein Zeichen für Schwangerschaft und für geistige Nahrung. Im Christentum steht er für die Christuskraft und für die Erneuerung der Lebenskräfte.

Flüsse und Seen: Überqueren wir im Traum Flüsse und Seen, so ist das ein Hinweis darauf, dass wir ein Projekt abschließen.

Fortbewegungsmittel: Heile Verkehrsmittel aller Art, die leuchten und strahlen, stehen für neue Bewegung im Leben, Wandlung, neue Kreise, die Erweiterung des eigenen Radius. Alles wird gut. Das Auto speziell ist unserem Ego zugeordnet.

Freunde und Eltern: Respektieren dich Freunde und Eltern im Traum, bedeutet das, dass du deine Träume und Visionen, deine Projekte verwirklichen kannst.

Früchte: Saftige Früchte, die wir im Traum finden, pflücken oder erhalten, stehen für ein positives Ergebnis, Erfolg und Anerkennung.

Garten: Ein schöner Garten verweist auf einen sicheren Ort, Geborgenheit und Erholung.

Getreide, Reis: Getreide und Reis sind ein Sinnbild für gute Ernte, Reichtum und Erfolg.

Häuser: Schöne Häuser stehen für Aufstieg und außerdem – da unser Körper der Tempel unserer Seele ist – für gute Gesundheit.

Himmelsrichtungen: Verschiedene Himmelsrichtungen bedeuten, der Energiefluss ist gut, wir können Probleme überwinden und uns frei machen.

Hut: Ein schöner Hut ist ein Hinweis auf gute Führung, wir werden als Chef anerkannt, haben die Führung in der Hand (ausgenommen bei schwarzen und roten Hüten).

Kinder: Kinder, die in den Farben Gelb und Weiß oder einfach fröhlich bunt gekleidet sind, stehen für Lebensfreude und einen direkten Zugang zur Göttlichkeit.

Kleidung: Schöne Kleidung ist ein Zeichen für gute Gesundheit, eine attraktive Ausstrahlung und Charisma.

Musik: Schöne Musik und Klänge stehen für Harmonie und Ausgeglichenheit.

Natur: Schöne Natur, saftiges grünes Gras, hell leuchtende Blumen und mächtige Bäume verweisen auf gute Gesundheit, Kraft und die eigene Mitte.

Obstbaum: Wenn wir im Traum auf einen Obstbaum klettern, so ist dies ein Hinweis auf gute Resultate, die wir erzielen, und darauf, dass der Erfolg nicht mehr fern ist.

Regenschirm: Regenschirme sind ein Zeichen für Schutz und ein langes Leben.

Schmuck: Besonderer Schmuck verweist auf geistigen Reichtum, Auszeichnungen, Ruhm und Ehre.

Schnee: Schnee steht für die Heilung alter Emotionen und inneren Frieden.

Schuhe: Gutes Schuhwerk zeigt an, dass wir unser Begehren verwirklichen können und unseren Weg gehen, dass wir mitten im Leben stehen und unsere Richtung kennen. Außerdem steht es für ein sicheres Auftreten.

Sonnenaufgang: Sonnenaufgang und klarer Himmel sind gute Omen für einen Neuanfang sowie ein Hinweis auf neue Energie und Klarheit in unseren Angelegenheiten.

Spirituelle Wesen: Spirituelle Wesen wie Engel, Götter, Erleuchtete, Buddhas etc. sind Ausdruck unseres göttlichen Wesensanteils.

Tiere: Reiten wir im Traum auf einem Tier wie Drache, Löwe oder Pferd, so ist das ein Zeichen für eine sehr kraftvolle positive Energie, die wir zu beherrschen und zu lenken in der Lage sind. Tiere stehen im Allgemeinen für Schöpferkraft, außerdem für eine stabile Kondition und eine gute Führung im Leben. Wir haben alles gut unter Kontrolle und bewahren den Überblick. Zur Bedeutung der jeweiligen Tiere findest du in meinem Buch »Krafttiere begleiten dein Leben« (Schirner Verlag, 2017) und »Helfertiere« (Schirner Verlag, 2020) weitere hilfreiche Hinweise.

Verwandte: Wenn wir auf angenehme Weise von lebenden Verwandten träumen, verweist das auf gute Verbindungen im Leben.

Positive Symbole mit negativem Ausgang (PN):

»Manche Dinge erscheinen schön, doch auf den zweiten Blick offenbaren sie uns ihre wahre Bedeutung.«

Quelle unbekannt

Demut: Wenn wir uns jemand anderem gegenüber demütig verhalten, bedeutet das, dass wir zum Verlierer werden.

Hochzeitsfeiern: Gehen wir im Traum auf eine Hochzeit oder heiraten einen Fremden, gar ein Geistwesen, kann das ein Hinweis auf eine ernsthafte Krankheit sein, die mit dieser Zeremonie beginnt. Heiraten wir selbst oder jemand, den wir kennen, einen Verstorbenen, so kann dies unseren Tod oder den unseres Bekannten ankündigen.

Lebensmittel: Lebensmittel wie Butter oder Reis, die wir aufbrauchen oder die zur Neige gehen, zeigen den Verlust unserer Lebensenergie an.

Rot: Die Farbe Rot bedeutet, dass wir kontrolliert und dominiert werden, andere Macht über uns ausüben. Ihr Erscheinen – in Form einer Blume, eines Felds, Kleids, Huts etc. – kann eine Warnung sein, ein Hinweis darauf, dass uns jemand Energie abzieht. Dann halte inne, und überprüfe deine Lebenssituation.

Rote Spirits: Engel in Rot und rote Dakinis (weibliche Dämonenwesen im Hinduismus und Buddhismus) sind eine Warnung von der anderen Seite, dass wir aufpassen sollten, weil uns auf irgendeine Weise Energie verloren geht.

Schaukel: Sie kann für Störungen des Gleichgewichtssinns, eine Mittelohrentzündung, aber auch für Unentschlossenheit stehen.

Spiegel: Schauen wir im Traum in den Spiegel, kündet das einen Wendepunkt in unserem Leben an. Wir werden auf uns selbst zurückgeworfen.

Urlaub: Fliegen oder fahren wir im Traum in den Urlaub, bedeutet das, dass wir eine Pause brauchen, weil unsere vitale Kraft nachlässt und wir erschöpft sind.

Beispiele für negative Symbole (N):

Negative Symbole können sich bei unaufgearbeiteten Traumata, Verlust von Seelenanteilen, schlechtem Karma, schwarzmagischen Attacken, beginnender Krankheit, fehlender Anerkennung oder, weil es der Zeitpunkt erfordert, zeigen. Beispiele sind: Dunkelheit und dunkle Wesen, Krankheit, Signalfarben, Schmutz, stachelige Pflanzen, Tränen, Waffen, ausfallende Zähne.

Negative Symbole mit negativem Ausgang (NN):

Abwärtsbewegungen: Im Allgemeinen stehen Abwärtsbewegungen im Traum dafür, dass eine negative Entwicklung stattfindet.

Altern: Altern wir im Traum, so ist das, insbesondere wenn es sehr schnell geschieht, ein Hinweis darauf, dass uns gerade Lebensenergie verloren geht.

Brücken, Straßen: Geborstene Brücken, zerstörte Straßen oder Blockaden stehen für Hindernisse, ins Stocken geratene Energie und dafür, dass es im Augenblick nicht weitergeht.

Dreck: Träumen wir uns an schmutzige Orte oder haben Dreck am Körper, tragen alte, verdreckte, zerrissene Kleider, dann deutet das auf verlorene Lebensenergie, einen löchrigen Energiekörper, Verlust, Energiearmut und Mangel im Energiefeld hin. Werden wir mit Unrat beworfen, so leiden wir unter übler Nachrede und Mobbing.

Dunkelheit: Wenn es im Traum dunkel und trüb wird, zeigt dies Verlust und Überlastung an.

Dunkle Gestalten: Sie stehen für unsere negativen Eigenschaften, denen wir nicht ins Gesicht schauen wollen, wie Tratschsucht, Verrat, Gier, Stolz, Sturheit.

Dornen, stachelige, piksende Pflanzen: Solch kratzbürstige Pflanzen können ein Hinweis auf Krebs sein, sofern sich die Dornen gegen uns selbst richten oder in uns wachsen, ansonsten sind sie auch ein Symbol der Abgrenzung.

Enge: Schmale Gassen, Schluchten und sonstige Verengungen stehen für Ängste, Depressionen und selbst geschaffene ausweglose Situationen.

Essen und Trinken: Schlechte oder verdorbene Speisen und Getränke stehen für Verlust und Krankheit.

Haare: Werden uns die Haare geschnitten oder verbrennen sie gar, zeigt das den Verlust unserer spirituellen Energie und körperliche Schwäche an.

Haus: Ein Wohnhaus steht für die Familie. Hausbrände oder Hausverschmutzung verweisen daher auf negative Kräfte innerhalb der Familie und auf Familiendramen. Zerstörte Häuser stehen für zerrüttete Familienverhältnisse.

Krankheit: Sehen wir uns krank, schwach oder als Bettler, so ist das ein Zeichen für Energieverlust, Mangel und Ängste.

Leere Objekte: Leere Gegenstände stehen für Verlust, einen Mangel an Kraft und dafür, dass wir keine Reserven mehr haben.

Metall, Geld, Eisen: Wenn wir im Traum viel Geld, Metall oder Eisen finden, verlieren wir unseren Kampf innerhalb der Gesellschaft.

Naturkatastrophen: Erdbeben, Fluten, Lawinen oder Vulkanausbrüche können Krankheit und Unheil ankündigen.

Netz: Wenn wir uns in einem Netz verheddern, ist das ein Zeichen für Einsamkeit und Verlust von Lebensenergie, außerdem dafür, dass wir uns als Opfer und ausgeliefert fühlen.

Polizei, Gefängnis: Begegnen wir der Polizei, kommen wir ins Gefängnis, dann bedeutet das Verlust, Strafe und Angst vor männlichen Autoritätspersonen.

Rennen: Möchten wir im Traum rennen, können es jedoch nicht, so zeigt das innere Blockaden an.

Schüsse: Schießen Menschen im Traum auf uns, steht das für böse Nachrede und dafür, dass andere schlecht über uns denken.

Schlange: Ist sie nicht aufgerichtet, halb aufgerichtet oder aggressiv, so kann sie für Kampf, Angst, Verteidigung und Aggression stehen und für fehlgeleitete Lebensenergie, die uns verloren geht. Auch kann sie Krankheit ankündigen.

Sonnen- und Mondfinsternis: Diese Phänomene verweisen auf eine ungünstige Wendung im Leben.

Schwarze Wesen: Werden wir im Traum von schwarzen Wesen umrundet oder verkehren mit befremdlichen Wesen, so ist das ein Zeichen für eine ausbrechende Krankheit.

Tiere: Verfolgen uns Tiere, steht das für Kräfte, die gegen uns gerichtet sind oder die wir selbst gegen uns richten, weil wir sie nicht anerkennen.

Ungeziefer: Fliegen, Ameisen, Käfer sowie Ungeziefer am Körper sind ein Hinweis darauf, dass wir negative Energien von anderen empfangen.

Verkehrsmittel: Defekte Verkehrsmittel bedeuten, dass unsere Entwicklung nur langsam vorangeht.

Wasser (schmutzig, dreckig), Morast: Verschmutztes, sumpfiges Wasser kann Stagnation und Krankheiten der Lymphe ankündigen.

Zahnausfall: Er steht für Verlust, große Veränderungen, Tod, etwas, was in unserer Umgebung stirbt oder sich unwiederbringlich verändern wird. Er kann bedeuten, dass ein Teil von uns selbst stirbt, jemand in unserer Umgebung geht, unser Leben verlässt oder die Ebenen wechselt.

Negative Symbole mit positivem Ausgang (NP):

Blut: Blutvergießen oder blutende Wunden bedeuten Heilung und Reinigung.

Durchfall, Erbrechen: Leiden wir im Traum unter Durchfall und/oder Erbrechen, ist das ein sehr gutes Zeichen, denn das heißt, wir lassen los, machen uns frei, alte unverdaute Sachen verlassen unser Energiefeld. Es ist ein Hinweis auf seelische Reinigung.

Gift: Haben wir im Traum mit Gift zu tun, zeigt das an, dass es jetzt beseitigt werden kann – das Gift verlässt unseren Körper, der Heilungsprozess setzt ein.

Leichnam: Träumen wir von Leichen, deutet das darauf hin, dass Emotionen neutralisiert werden.

Stuhl und Urin: Beide sind ein sehr gutes Zeichen, denn sie bedeuten, dass wir loslassen, entgiften und uns reinigen.

Tierbiss: Wenn uns ein Tier beißt und wir infolgedessen bluten, so ist das ein Hinweis darauf, dass sich Negatives in unserem Umfeld auflöst.

Tod: Der Tod ist ein positives Zeichen. Träumen wir von ihm, zeigt uns das, dass wir die Endgültigkeit einer Angelegenheit akzeptieren. Wir machen uns bereit für einen Schritt nach vorn, wir lassen los. Sehen wir unseren eigenen Tod, deutet das darauf hin, dass Negatives in uns stirbt und wir uns erneuern.

Tränen: Weinen wir, heißt das, etwas kann gehen, abfließen, wir lassen los, alte aufgestaute Gefühle lösen sich.

Waffen: Waffen zeigen, dass unser Immunsystem intakt ist, dass wir gut behütet sind bzw. uns selbst gut beschützen und uns abgrenzen können.

Symbole in der spirituellen Praxis

Es gibt bestimmte Traumsymbole, die Menschen, die an ihrer inneren Entwicklung arbeiten, zeigen, dass ihre spirituelle Praxis erfolgreich ist:

Gold: Gold im Traum bedeutet, dass unsere spirituelle Praxis Wirkung zeigt.

Hochzeit: Zur spirituellen Entwicklung gehört es, dass wir irgendwann einmal im Traum unseren inneren Mann, unsere innere Frau der geistigen Ebene finden und ihn oder sie heiraten. Das ist ein Zeichen dafür, dass wir allmählich ganz, heil, vollständig werden.

Meister und Meisterinnen, Tempel, Engel, deutliche Sätze: Dies alles steht für neue Kreise der Kraft, Wachstum und eine Verbindung zur Quelle.

Menschenfleisch: Wenn wir spirituell Praktizierende sind, kann es geschehen, dass wir träumen, Menschenfleisch zu essen. Nicht erschrecken, denn das ist ein gutes Traumsymbol – es zeigt an, dass uns spezielle Kräfte verliehen werden.

Tiere: Wenn wir von Tieren verspeist werden, steht das für eine Einweihung und die Verbindung mit einem Tierverbündeten, der uns seine Kraft und seine Fähigkeiten überträgt.

Tod, der eigene: Interessanterweise kündet es für uns als spirituell Praktizierende von einem langen Leben, wenn wir von unserem eigenen Tod träumen.

Vereinigung, auch körperlich und sexuell: Erleben wir im Traum eine Vereinigung, ist das ein Zeichen dafür, dass neue Kräfte in uns eingehen bzw. wir uns mit neuen Kräften, mit einem weiteren Teil unseres Wesens verbinden.

Zerstückelungen: Werden wir im Traum in Stücke gerissen oder zerteilt, so bedeutet das, dass wir zum Schamanen oder zur Schamanin berufen sind, dass die Auflösung alter Energien und eine Einweihung bevorstehen, dass unser Zweites Gesicht erweckt wird.

Bedeutung von Farben

Wir träumen meist in Farbe. Für die Traumdeutung ist es dabei wichtig, welche Farben verstärkt auftreten, mit welcher Brillanz sie uns erscheinen und wie wir sie empfinden. Sind die Farben z. B. eher gedämpft, dunkel und verschwommen, so ist das Traumgeschehen eher von Energien aus den niederen Bereichen bestimmt. Sind die Farben hingegen irisierend, strahlend und leuchtend, so werden unsere Träume von Energien aus den oberen und höheren Ebenen beeinflusst.

Die fünf häufigsten Traumfarben sind Weiß, Gelb, Rot, Grün und Blau. Natürlich können wir auch in anderen Farben und vielen Schattierungen träumen. Es lohnt sich in jedem Fall, sich eine Zeit lang auf das Farbgeschehen in den Träumen zu konzentrieren, um ein Gefühl dafür zu entwickeln.

Blau weist auf die Elemente Äther und Luft hin, kann aber auch das Element Wasser symbolisieren. Es steht in Verbindung mit höheren Mächten und Machtaspekten im Allgemeinen. Hellblau ist der Luft zugeordnet, während ein dunkleres Blau zum Wasser gehört, Schwarzblau steht für den Kosmos. Blaue Kleider können auf seelischen Schmerz oder ein Ruhebedürfnis hinweisen. Im Negativen können uns Träume in Blau auf bevorstehende schwere Ereignisse wie Naturkatastrophen, Verluste oder Spannungen vorbereiten, durch die wir jedoch sicher und gut geleitet werden. Im Positiven verweisen sie auf Bewegung, Veränderung, neue Wege, neue Talente und Fähigkeiten, göttliche Führung, Schutz und Visionen. Blau steht auch für die Erfüllung von Wünschen. Träume in Blau zeigen uns unsere geistigen und mentalen Fähigkeiten auf, zu denen auch die gehört, sich der göttlichen Führung anzuvertrauen.

Türkis ist dem Element Wasser zugeordnet und eine starke Heil- und Schutzfarbe. Es wird uns von göttlicher Seite gesandt und hilft uns, unser Immunsystem zu stärken und Heilung zu erfahren.

Grün ist gemeinhin die Farbe des Herzens und der Heilung. Es steht mit dem Element Erde in Verbindung, stärkt unser Immunsystem und hilft uns, zu regenerieren und neue Lebensenergie zu entwickeln sowie Heilung durch Wissen oder Bewusstsein herbeizuführen. Grüngold erscheint oft in Heilungsträumen. Die Farbe Grün kann aber auch eine Aktion begleiten, die durch Groll und Zorn motiviert ist und das Ziel hat, alles Negative zu vertreiben.

Olivgrün im Traum kann einen Erschöpfungszustand anzeigen, der bereits in Regeneration begriffen ist. Die Farbe stärkt unser Immunsystem sowie unsere Verbundenheit zur Erde und zu unseren Wurzeln. Olivgrün, mit Gold durchsetzt, ist ebenfalls eine Heilfarbe, sie hilft, alte Ängste zu überwinden.

Gelb steht mit den Elementen Äther und Luft in Verbindung, darüber hinaus aber auch mit den wärmenden höheren Aspekten des Feuers. Es repräsentiert die Führung durch Spirits wie Engel, Geistführer, innere Lehrer und Lehrerinnen, Meister und Meisterinnen, außerdem verweist es auf die Übermittlung von Lehren und Weisheiten, auf Stabilität, Aufgewecktheit, Lebensfreude und Freude im Allgemeinen und ist auch ein Bote des Humors. In seinen dunklen Nuancen kann es für Eifersucht und Konkurrenz stehen. Im Allgemeinen jedoch kündigt es Wandel, Inspiration und geistige Führung an.

Gold verkörpert das Element Äther und das reine Bewusstsein. Es steht für Wissen aus der Quelle, das innere Licht und die Lebensenergie. Gold im Traum kann Verschiedenes bedeuten: Es kann z. B. eine Entwicklung anzeigen, die noch Zeit braucht. Wenn ein kranker Mensch von Gold träumt, so kann es seinen Tod ankündigen. In seinem negativen Aspekt steht es für Gier, Habsucht und Manipulation, in seinem positiven für Erlösung, Fülle, Sieg, Gewinn und Wohlstand. Tempelstätten der höheren Ebenen und Lichtwesen zeigen sich im Traum oft in leuchtendem, irisierendem Weißgold. Erscheint das Gold mit anderen Farben gemischt, zeugt dies von fließender Lebensenergie.

Orange ist die Farbe des Feuers und der Aktion. Im Traum zeigt es an, dass Dinge aktiv angegangen werden wollen. Orange ist die Farbe der Wandlung. Es regt uns an, außerdem bringt es uns unsere Lebensfreude und Energie zurück. Kathartisch-samsarische Träume sind oft in Orange gehalten.

Rosa finden wir vorwiegend in telepathischen Träumen, die oft in einen fast unmerklichen rosagoldgelben Schein gehüllt sind. Rosa steht für die Herzensflamme. Es ist die Farbe des Herzensraumes, des (Ur-)Vertrauens, der tiefen Liebe und erscheint in allen Angelegenheiten des Herzens.

Rot ist die Farbe des Feuers und der Energie. Es ist die Signal- und Warnfarbe schlechthin, das gilt auch für unsere Träume. Rot beinhaltet häufig eine Vorwarnung im Sinne von: »Wenn du so weitermachst, dann …« Rot ist mit Aktivität, Tatkraft, Macht und Kontrolle verbunden. Es kann uns darauf hinweisen, dass wir kontrolliert und/oder dominiert werden oder selbst Kontrolle, Dominanz und Macht ausüben. Wenn Rot im Traum auftritt, so heißt es, innezuhalten und die Warnung oder Botschaft zu beachten. Rot ist eine Farbe der Wandlung und der Grenzen, auch der Wut, der Ahnen und des Blutes. Außerdem kann es als starke Heilfarbe auftreten, etwa wenn etwas Rotes aus uns heraustritt. Rot steht auch für Lebensenergie, Erneuerung und Kraft. Erscheint es in unseren Träumen, sollten wir diese in jedem Fall beachten und genauer unter die Lupe nehmen.

Violett ist in Träumen die Farbe der Wandlung, des Gesetzes und des Karmas. Wenn wir in Violett träumen, so möchte etwas in uns Erlösung finden und Freiheit erlangen. Bänder, Schnüre und Fesseln erscheinen im Traum oft violett, aber auch Landschaften und Orte, ebenso Kleidung. Dies ist ein Zeichen für alte Verstrickungen, die durch Vergebung gelöst werden möchten, aber auch für Dinge, die sich durch den Traum bereits allmählich auflösen.

Flieder ist die Farbe der Barmherzigkeit. Träumen wir in Flieder, so erfahren wir Gnade.

Braun ist die Farbe der Erde und damit der Wandlung. In der Erde wird Altes zersetzt, damit Neues entstehen kann.

Schwarz ist die Farbe der Abgrenzung und Selbsterfahrung. Albträume sind oft sehr dunkel, fast schwarz. Dadurch wird unsere Sicht stark beeinträchtigt, und ein Ereignis, das sich vor diesem Hintergrund abspielt, wird deutlich hervorgehoben. Schwarz kann Angst, Enge und Energiemangel anzeigen, aber auch eine hohe Konzentration. Karmische Träume können sich ebenfalls in Schwarz bis Violett zeigen. Doch hinter jedem Schatten verbirgt sich ein Licht, das entdeckt werden möchte. Es ist gut, Licht in unsere Angelegenheit zu bringen, uns unseren Schatten zuzuwenden und sie eingehend zu betrachten, damit sie ihre Macht über uns verlieren und die dahinter liegende Fähigkeit freigesetzt werden kann. Schwarze Wesen können Krankheiten ankündigen, schwarze Flecken auf der Kleidung stehen für üble Nachrede.

Weiß ist die Farbe des Wassers, des Äthers, der Luft und des geistigen Feuers. In Träumen steht es mit Heilung, Regeneration, Unschuld, Reinheit und Reinigung in Verbindung. Im weißen Licht findet etwas in uns Frieden, Ruhe und Erhöhung. Weiß kann Neuerungen ankündigen und Botschaften von geistiger Ebene übermitteln. Klarträume sind oft in Weiß bis Gold gehalten.

Bedeutung von Richtungen

Im Traum hat es eine Bedeutung, woher der Wind weht und aus welcher Richtung die Dinge zu uns kommen, in welche Richtung sie weisen und wohin sie sich bewegen. Auch dafür können wir uns sensibilisieren.

Oben: Kommen Dinge von oben, ist das ein Hinweis auf das Schicksal, das uns lenkt, oder auf Spirits, Engel, Meister und Meisterinnen, die uns leiten.

Mitte: Tritt etwas aus uns hinaus, so symbolisiert das unsere eigene Bewegung. Geht etwas in uns herein, dann kommt es von außen.

Unten: Dinge von unten verweisen auf Kraft, das Unterbewusstsein, die Ahnen, die Natur, versteckte Fähigkeiten, Schatten, das Totenreich, die Höllenregionen.

Links: Dinge auf der linken Seite zeigen an, dass Gefühl, Weiblichkeit und Passivität im Spiel sind, außerdem ist es ein Hinweis darauf, dass wir weggehen, nach innen gehen.

Rechts: Dinge auf der rechten Seite deuten auf den Verstand, Männlichkeit und Aktivität hin, außerdem zeigen sie an, dass wir irgendwohin gehen, nach außen gehen.

Vorn: Alles, was sich von vorn nähert, stammt aus der Zukunft, kommt auf uns zu.

Hinten: Was von hinten kommt, stammt aus der Vergangenheit.

Osten: Was uns aus dem Osten erreicht, kündigt von Neuanfang, Neuigkeiten, Morgenröte, Sonnenaufgang, Luft und Inspiration.

Westen: Dinge aus dem Westen verweisen auf den Sonnenuntergang, das Wasser, das Totenreich, Ahnungen und Visionen. Sie zeigen an, dass wir uns bewegen, in neue Bereiche aufbrechen.

Norden: Erreicht uns etwas aus dem Norden, sind Rückzug, Einkehr, Konzentration, Stille, Meditation, Materialisation und Erdung gefragt.

Süden: Dinge aus dem Süden stehen für Feuer, Lebensenergie und die Kindheit.

Träume, die Krankheiten anzeigen

»Krankheit ist ein Ungleichgewicht der Energien.«
Hippokrates von Kos, Arzt im antiken Griechenland

Hier möchte ich nur einen kleinen Einblick in die Zusammenhänge zwischen Traumbildern, Krankheiten und Organen geben. Krankheit wird dadurch verursacht, dass unser Energiehaushalt aus dem Gleichgewicht geraten ist.

Krankheit ist …

- ein Zuviel an Energie, das wir nicht kanalisieren können.
- ein Zuwenig an Energie, sodass wir nicht die volle Kraft haben, Dinge zu meistern.
- ein Durcheinander an Energien, das in uns Verwirrung erzeugt und unsere Kraft zerstreut.

Ziel einer Heilung ist es, zwischen den verschiedenen Kräften, die auf uns einwirken, ein Gleichgewicht herzustellen. Mit folgender Vorgehensweise und den dazugehörigen Fragen können wir uns an Ursachen und Themen herantasten, die hinter einer organischen Erkrankung stehen:

Organische Erkrankungen

Frage dich:

- Welche Symptome liegen vor?
- Was habe ich dazu beigetragen, diese Symptome hervorzurufen?
- Wodurch findet eine Verschlechterung statt?
- Was bietet mir diese Krankheit? Welche Vorteile ziehe ich daraus?
- Was verändert sich für mich, wenn ich ganz gesund bin?
- Was habe ich geträumt, bzw. was träume ich?

Wir haben verschiedene Möglichkeiten, das Gleichgewicht wiederherzustellen. Dabei ist es wichtig, ganzheitlich auf allen Ebenen zu handeln, insbesondere aber, bestimmte Maßnahmen zu ergreifen, die im ursächlichen Bereich ansetzen. Folgende Punkte sollten überprüft werden:

- Ernährung
- Lebenswandel
- Medizin (körperliche Behandlung)
- Therapie (seelische Behandlung)

In Träumen erhalten wir wichtige Hinweise: Dort zeigt sich der Lebenswandel, und Ursachen und Erklärungen für eine Krankheit treten zutage. Wenn ein Mensch krank ist, können seine Traumbilder bestimmte Verknüpfungen aufdecken und Probleme mit spezifischen Organen offenbaren.

Auge/Sehen – Leber: Leberprobleme zeigen sich im Traum durch eine unklare Sicht, Nebel und Dunkelheit. So lesen wir vielleicht ein Buch und können den Text nicht erkennen.

Mund/Geschmack – Herz: Herzprobleme äußern sich im Traum z. B. durch unangenehme Geschmackserlebnisse (= Unausgewogenheit im Herzen), fehlende Geschmacksempfindung (= Herzprobleme), des Weiteren durch ein Gefühl von Enge – wir wollen uns bewegen, aber es geht nicht –, Druckgefühle – uns liegt etwas schwer auf der Brust – und Klaustrophobie – wir wollen fliehen, aber es geht nicht.

Ohr/Gefühl – Nieren: Die Nieren hängen mit der Welt der Klänge zusammen. Nierenprobleme erkennen wir im Traum daran, dass wir nichts hören können, uns taub fühlen oder eigenartige Töne wahrnehmen. Sie hängen mit dem Wassersystem des Körpers zusammen und verweisen auf emotionale Blockaden wie tief sitzende Schuldgefühle, belastende Geheimnisse, »Leichen im Keller«, alte Ängste oder starke Verlustangst. Ängste ganz allgemein sind mit den Nieren verbunden.

Nase/Geruch – Lunge: Lungenprobleme zeigen sich im Traum durch Atemschwierigkeiten, Ersticken (z. B. durch Rauch) und sind ein Hinweis auf energetische Verbindungen, die zu eng sind, uns keinen Raum zum Atmen lassen.

Haut/Berührung – Milz: Milzprobleme offenbaren sich im Traum durch einen Mangel an Empfindungen bei Berührungen oder in aggressiven Berührungen durch scharfe, stechende Objekte.

Darüber hinaus sind folgende Organe und Elemente energetisch miteinander verbunden:

Leber, Gallenblase – Holz: Träume von vertrockneten Wäldern, Bäumen und Wurzeln können auf eine Störung der Leber hinweisen. Dinge können nicht mehr gewandelt werden. Sie müssen so akzeptiert werden, wie sie sind.

Herz, Dünndarm – Feuer: Zu Träumen, in denen wir unter Hitze leiden, kommt es, wenn wir alte Erinnerungen nicht »verdauen« können, wenn unser Herz seelisch belastet ist.

Nieren, Blase, Lymphsystem, Sexualorgane – Wasser: Träume von verschmutztem Wasser oder von schwarzen Tieren im Wasser verweisen auf aufgestaute Emotionen wie Wut.

Milz, Magen – Erde: Wenn im Traum die Erde in einem schlechten Zustand ist, Löcher und Risse aufweist, Dinge nicht im rechten Maß erscheinen, dann deutet das auf ein Ungleichgewicht der Kräfte hin und darauf, dass etwas nicht »verdaut« werden kann.

Lunge, Darm (Dickdarm) – Metall: Im Traum erscheinen metallene Gegenstände im Körper und physische Angriffe als Hinweis auf nicht verheilte, alte Wunden. Sie können ebenfalls auf Unausgesprochenes hindeuten und auf Dinge, die nicht »verdaut« oder zu Ende gebracht worden sind.

Träume, die Schwerkranke träumen und die den Tod ankündigen können

Die nachstehende Auswahl zeigt Deutungen für Traumsymbole, die nur gelten, wenn ein Mensch schwer krank ist, und selbst dann sind andere Auslegungen möglich. Ich möchte mit dieser Aufstellung lediglich die Vielschichtigkeit von Traumsymbolen aufzeigen.

Blumen und Bäume, die aus dem Kopf wachsen: Wenn aus dem Kopf Schwerkranker im Traum Blumen und Bäume wachsen oder sich Nester darauf zeigen, so bedeutet dies, dass das Kronenchakra nicht mehr richtig arbeitet – das Gehirn stellt seine Funktion ein.

Blumen, Bäume und Dornen, die aus dem Herz treiben: Bei Erkrankten zeigt das, dass aus diesem Bereich Energie austritt – das Herzchakra ist dysfunktional, das Herz setzt aus.

Feuer-Puja, letzte Ölung: Riten wie diese im Traum können für Abschiedsrituale stehen und den baldigen Tod ankündigen.

Großer Fisch: Träumen Kranke, dass sie von einem großen Fisch gefressen werden, kann das bedeuten, dass ihre Lebenskraft zu Ende geht.

Gold: Wenn bei Erkrankten im Traum Gold zum Vorschein kommt, kann dies für sie die baldige Erlösung von der Krankheit durch den Tod ankündigen.

Kopf-, Brust-, Herzverletzungen: Bei Patienten sind Verletzungen an diesen Stellen ein Hinweis auf sehr tiefe innere Wunden.

Öl trinken, im Wasser versinken, Sonne und Mond herabstürzen sehen: Erblicken Erkrankte diese Phänomene im Traum, können dies Anzeichen für den herannahenden Tod sein.

Rote Kleidung: Träumen Kranke, dass sie rot gekleidet mit einem Toten tanzen, werden sie womöglich bald mit ihren Ahnen vereint sein.

Verstorbene Verwandte: Werden Kranke im Traum von verstorbenen Verwandten zum Essen eingeladen, tanzen sie mit ihnen und pflegen einen engen Kontakt, kann das ein Hinweis auf ihren bald bevorstehenden Tod sein.

Zahnausfall: Zahnausfall kann auf einen baldigen Tod hinweisen.

Wir können die Träume als Hilfsmittel einsetzen, um mentale Blockaden zu lösen. Sind Krankheiten allerdings karmischen Ursprungs, also infolge von Taten entstanden, die nicht unbedingt in diesem Leben begangen wurden, so können wir ihre Ursachen nicht ändern, da sie in der Substanz unseres Körpers gespeichert sind. Allerdings können wir die Begleitumstände ändern, die die Entfaltung der Krankheiten fördern. Denn es gibt Umstände, die den karmischen Samen wachsen lassen, und andere, die verhindern, dass er heranreift – wenn wir einer Pflanze das Wasser entziehen, kann sie nicht weiterwachsen. Wenn uns unsere Träume wissen lassen, dass etwas einen schlimmen Ausgang nehmen wird, so erhalten wir damit eine Gelegenheit, auf unser Karma, unser Schicksal, einzuwirken. Wir können das Heranreifen des karmischen Samens abwenden, indem wir ihm den Nährboden entziehen. Dazu gibt es verschiedene Wege: die Umgestaltung unserer Wohn- und Arbeitsräume, eine Ernährungsumstellung, die Veränderung unserer inneren Einstellung, uns im Verzeihen üben, statt unseren Groll aufrechtzuerhalten, anerkennen, was ist, unsere Träume wahrnehmen und positiv verändernd in unser Leben eingreifen …

Diese goldene Regel gilt es bei Träumen zu beachten:

Über Heilungsträume sollte man nicht reden,
damit die Energie gebündelt bleibt. Es ist hingegen gut,
über schlechte Träume zu reden, denn dann können sich
Blockaden und Schwächen auflösen –
wir nehmen ihnen die Energie.

Schamanen und Schamaninnen verhandeln auf der Traumebene mit den krankheitsverursachenden Geistern. Sie sind in der Lage, dort auch mit der Energie der Patienten Kontakt aufnehmen und zusammen mit ihnen die Heilkräfte anregen, die jedem von uns innewohnen. Sie betrachten die Situation aus einem übergeordneten Blickwinkel. Die Anweisungen, die sie aus der Geistigen Welt erhalten, können alle Bereiche des Lebens umfassen und den Horizont unseres Alltagsbewusstseins manchmal übersteigen, aber sehr heilkräftig sein, wenn sie ausgeführt werden.

Traumpraxis

»Es ist nicht genug, zu wissen, man muss es auch anwenden.
Es ist nicht genug, zu wollen, man muss es auch tun.«

Johann Wolfgang von Goethe, deutscher Dichter

Traumtagebuch

Deine Träume sind so einzigartig, wie du es bist. Deine nächtlichen Traumbilder in einem Tagebuch festzuhalten, kann dir dabei helfen, wiederkehrende Muster und Symbole zu erkennen und zu deuten, die Traumerinnerung und das luzide Träumen zu trainieren, in Kontakt mit deiner Seele zu kommen, ungewöhnliche Lösungen für Alltagsprobleme zu finden und dir deiner persönlichen und spirituellen Entwicklung bewusst zu werden:

Lege dir ein schönes Tagebuch zu, das du deinen Träumen widmest. Platziere es neben deinem Bett, und schreibe am Morgen nach dem Aufwachen kurz deine Erinnerungen an das, was du geträumt hast, nieder. Auch deine Tagträume kannst du darin festhalten.

Unterteile dein Traumtagebuch in zwei Abschnitte: einen für die Träume, einen für die Symbole, die in deinen Träumen auftauchen. Die Symbole kannst du, wie im Kapitel »Traumdeutung«, S. 151, beschrieben, nach positiven Symbolen mit positivem Ausgang (PP), positiven Symbolen mit negativem Ausgang (PN), negativen Symbolen mit positivem Ausgang (NP) und negativen Symbolen mit negativem Ausgang (NN) für dich kategorisieren. Wichtig für deine Bewertung ist dabei immer: Wie geht es dir morgens direkt nach dem Aufwachen? Fühlst du dich fit und vital oder matt und erschöpft?

Es ist nicht nötig, dass du jeden Tag ausführlich aufschreibst, was du geträumt hast. Doch immer, wenn du das Gefühl hast, dass ein Traum für dich sehr wichtig war, oder du dich besonders gut an ihn erinnern kannst, dann ist es gut, alles niederzuschreiben, woran du dich erinnerst. Träume sind ein Gradmesser dafür, ob wir auf dem richtigen Weg sind, und zugleich sind sie Wegweiser.

Es gibt Schlüsselinformationen, die du beim Aufschreiben abfragen kannst:

- Um welche Art von Traum handelte es sich (Wunschtraum, Albtraum, Klartraum …)?
- Welche Menschen kamen in dem Traum vor?
- In welchem Umfeld und an welchen Schauplätzen spielte sich der Traum ab?
- Welche Symbole, Fakten, Zahlen und Formen tauchten auf?
- Hast du in Schwarz-Weiß oder in Farbe geträumt? Wenn du in Farbe geträumt hast: Welche Farben hast du wahrgenommen? Welche Farben waren vorherrschend? Wie brillant waren sie?
- Welche Gefühle hattest du in deinem Traum?
- War die Handlung logisch oder chaotisch?
- Stand dein Traum im Zusammenhang mit den Geschehnissen des vorangegangenen Tages? Was genau war an diesem Tag passiert? Welche Eindrücke hattest du über den Tag hinweg gesammelt? Welches Thema, welche Frage hatte dich innerlich stark beschäftigt?
- Welche Botschaft kannst du in deinem Traum erkennen?
- Was von dem, was du geträumt hast, ist es wert, in der Realität überprüft zu werden? (Wenn wir z. B. von einem uns nahestehenden Menschen geträumt haben, so können wir ihn anrufen und fragen, wie es ihm geht, und ihm sagen, dass wir in der Nacht von ihm geträumt haben. Oft werden wir feststellen, dass das, was wir im Traum gesehen haben, die seelische Befindlichkeit der Person ziemlich genau widerspiegelt. Es ist auch sinnvoll, geträumten Daten, Zahlen, Fakten und Symbolen auf den Grund zu gehen, denn oft verstecken sich darin hilfreiche Wegweiser für unseren nächsten Schritt.)
- Welcher Spur solltest du folgen? (Wenn wir den Spuren, die der Traum in uns hinterlässt, in der Realität folgen, und zwar dort, wo es uns richtig erscheint, beginnen wir, eine Brücke zwischen Traum und Wirklichkeit zu schlagen. Damit erschaffen wir ein Feld, das es uns ermöglicht, Trauminhalte zu verstehen und unsere Träume wahr werden zu lassen.)

Falls du Traumbilder wie Landschaften, Gebäude, Fahrzeuge, Kleidung oder Symbole nach dem Aufwachen noch vor deinem geistigen Auge siehst, male sie in dein Traumtagebuch. Ein Bild kann eine Atmosphäre wesentlich präziser erfassen als jedes Wort.

Wenn du deine Aufmerksamkeit bei deinen täglichen Notizen auf das Traumgeschehen richtest, wirst du merken, wie du allmählich eine größere Sensibilität für die feinen Unterschiede im Traum entwickelst und die Sprache deiner Träume verständlicher für dich wird. Lasse dich einfach führen. Beim Schreiben wirst du das, was für dich wichtig ist, immer klarer erkennen.

Du kannst in deinem Traumtagebuch auch Übungen und deren praktische Umsetzungen notieren, ebenso Fortschritte, Rückschläge und andere Erfahrungen. Diese Aufzeichnungen könnten schon bald hilfreich sein. Manchmal geschieht im Traum etwas, was wir nicht gleich verstehen. Zu einem späteren Zeitpunkt wird uns jedoch klar, was es zu bedeuten hatte. Dann können wir auf unsere Notizen zurückgreifen und die Realität in der Rückschau überprüfen, das verschafft uns für unsere Traumdeutungspraxis einen soliden Erfahrungsschatz.

Vorbereitung auf den Schlaf

»Es geht nicht nur darum, die
Träume der Nacht zu beachten,
es geht auch darum,
den Lebenstraum zu verwirklichen,
ihn Wirklichkeit werden zu lassen.
Denn in diesem Traum wohnt
unsere Bestimmung.«

Quelle unbekannt

Es gibt einige Maßnahmen zur Vorbereitung auf die Nacht, die du ergreifen kannst, um für einen gesunden, erholsamen Schlaf zu sorgen.

Reflexion/Abschließen des vergangenen Tages

Trage deinen Zorn niemals bis zum Zubettgehen mit dir herum. Wenn du in der Lage bist, die Gefühle von Ungerechtigkeit, Mangel und Wut am Ende des Tages abzulegen und anderen und dir selbst für manche Unzulänglichkeiten zu verzeihen, so bist du auf dem Weg zu innerem Frieden und wahrem Glück. Wenn du das Erlebte am Abend bewusst aufarbeitest, musst du nicht die »Traumzeit« dafür nutzen.

Nimm dir Zeit für dich, bevor du dich zu Bett begibst. Denke über den Tag nach: Wenn du möchtest, spule den Tag im Geiste rückwärts ab. Betrachte ihn wie einen Film. Schaue, was gut und was weniger gut war. Erkenne die Segenspunkte. Erinnere dich, wie du dich gefühlt hast, und erforsche, was du zukünftig gern ändern würdest. Folgende Fragen können dir dabei helfen:

- Welcher Segen wurde dir heute zuteil?
- Welchen Beitrag hast du heute geleistet?
- Was hat dich heute bewegt?
- Was hast du heute gelernt?
- Wem hast du heute etwas bedeutet?
- Welche Angelegenheit möchtest du Gott und den Engeln übergeben?

Dann zünde eine Kerze an. Blicke eine Zeit lang in die Flamme, und dann sende Licht und Segen in den vergangenen Tag. Bei dem, was nicht gut war, kannst du dir vorstellen, wie das Violette Feuer der Transformation auflodert und alle negativen Gefühle und Situationen reinigt, bis sie in ruhiges, weißgoldenes Licht getaucht sind. Atme alles Negative aus, und nimm mit jedem Atemzug positive, klare, lichtvolle Energie voller Liebe, Freude, Glück, Fülle und Frieden in dich auf. Entspanne dich ganz und gar – in einem völlig entspannten Körper kann es kein negatives Gefühl geben. Mache die Übung so lange, bis du das Gefühl hast, es ist getan.

Waschungen/Warmes Fußbad/Fußsalbung

Wenn dein Tag besonders anstrengend war, dann ist es gut, abends eine Dusche zu nehmen und dir dabei vorzustellen, wie Stress und Negatives von dir abgespült werden, wie du vom Wasser durch und durch gereinigt wirst. Anschließend wirst du dich befreit und klar fühlen. Sehr wirkungsvoll in dieser Hinsicht ist ein Salzbad (mit Meersalz, Badesalz oder Salz vom Toten Meer).

Tagsüber wandeln wir mit den Füßen auf der Erde, nachts wandeln wir im Traumland. Die Füße sind mit dem Reich der Träume verbunden, denn dort berühren sich Himmel und Erde tatsächlich und weben einen gemeinsamen Abdruck. Die Füße sind dem Sternzeichen Fische zugeordnet, das mit dem Mond und dem Element Wasser und damit der Kraft der Träume in Verbindung steht.

Um dich bewusst auf das Betreten der Traumwelt vorzubereiten, nimm abends vor dem Zubettgehen ein warmes Fußbad, und stelle dir vor, wie der

Schmutz des Tages aus all deinen Körpern durch deine Füße abfließt. Die Füße werden dabei warm, und dein ganzer Körper wird genährt. Du kannst deine Füße auch mit einer wärmenden Fußsalbe oder warmem Öl massieren. Warme Füße wärmen den Körper und erleichtern das Träumen und Entspannen.

Schlafumgebung gestalten

Gestalte die Umgebung, in der du schläfst, so, dass sie nicht negativ auf das Traumgeschehen einwirkt und du dich wohl- und geborgen fühlst. Dazu gehört, dass du z. B. um das Bett herum aufräumst, dir ein heilsames Bild aufhängst oder -stellst und dich mit Gegenständen umgibst, die dir Kraft schenken. Wenn du oft unter Albträumen leidest, versieh die Spiegel in deiner Wohnung mit Schutzzeichen oder verhänge sie des Nachts mit einem Tuch.

ANLEITUNG: PRÄPARIEREN VON SPIEGELN

Der Spiegel dient als Tor in andere Ebenen. Wesen aller Art können durch ihn in einen Raum gelangen und diesen wieder verlassen. Dies geschieht meist bei Nacht, wenn wir in der Traumwelt reisen.

Nimm ein dünnes Tuch zur Hand. Sprich ein Schutzgebet, z. B.: »Göttliche Kraft, versiegele das Tor, und lasse nur die lichtvollen Kräfte hindurch.« Hänge das Tuch jeden Abend über den Spiegel. Oder male ein Schutzzeichen auf den Spiegel, z. B. die Schutzrune Algiz, das Pentagramm, ein Kreuz. Du kannst es mit Weihwasser, Spucke (sie ist Träger deines Willens) oder mit dem, was für dich stimmig ist, auf den Spiegel zeichnen. Lasse es eine Zeit lang wirken, dann kannst du es entfernen. Der geistige Abdruck bleibt und dient als Schlüssel, der dieses Tor für alle dunklen Kräfte verschließt.

Wasser trinken

Wasser steht mit dem Träumen in Verbindung. Es spült den Magen durch und versorgt den Körper ausreichend mit Flüssigkeit für die Nacht. Trinke regelmäßig vor dem Schlafengehen ein halbes Glas lauwarmes Wasser. Du wirst bald merken, dass sich dein Traumgeschehen dadurch intensiviert.

Sich in weißes Licht einhüllen

Das kristallinweiße Licht ist universell. Es symbolisiert höchsten Schutz und wird oft als Nahrung der Seele betrachtet. Mystiker, Mystikerinnen, Schamanen, Schamaninnen, Wahrheitssuchende und Heilige spüren und sehen weißes Licht bei ihren Übungen, Meditationen und Gebeten. Wenn es uns erfüllt, so ist unser Energiefeld genährt und versiegelt, wir begeben uns auf eine höhere Ebene und schaffen damit ein höheres Resonanzfeld. Niedrige Schwingungen und Wesenheiten können dieses Feld nicht erreichen, da sie damit nicht in Resonanz stehen. Das weiße Licht hilft uns, zentriert, bei uns selbst und im Frieden zu bleiben.

Rufe vor dem Zubettgehen den Schutz des weißen Lichts auf deine Weise herbei, z. B., indem du sagst: »Im Namen meiner Ich-Bin-Gegenwart (meines Höheren Selbst, des Christusbewusstseins, des Höchsten) rufe ich die weiße Lichtsäule.« Stelle dir dabei so klar und deutlich wie möglich vor, wie das Göttliche leuchtendes, funkelndes, kristallinweißes Licht herabschickt. Es strahlt und glitzert wie eine schneebedeckte Landschaft im Winter, wenn die Sonne darauf scheint. Sieh, wie dieses Licht immer strahlender und klarer wird und sich im Umkreis von ca. drei Metern wie ein Energieschild um dich herum aufbaut. Sprich dann die Affirmation: »Im Namen der göttlichen Gegenwart: Fließe, strahle, fließe, strahle, fließe, strahle! Fülle mein Energiefeld an, und lasse alle Disharmonien hinausfließen – jetzt! Fülle mich mit Harmonie, Frieden, Energie … an. Mein Energiefeld ist eingehüllt und geschützt im ewigen Sein.« Bitte deine Schutzengel, deine Spirits darum, dich gut durch die kommende Nacht zu führen.

Fragen stellen

Prüfe vor dem Einschlafen: Gibt es etwas, was dich gerade beschäftigt? Ist da ein Problem, für das du im Augenblick keine Lösung findest? Dann formuliere die Frage, auf die du dir eine Antwort wünschst. Indem du sie stellst, richtest du dich aus. Auf diese Weise beginnst du, einen Teil des Traumgeschehens zu lenken.

Beten

Beten bedeutet, sich im Göttlichen zu betten, sich an die geistige Natur des Seins zu erinnern. Im Gebet können wir unsere Schutzengel oder das, was uns Kraft verleiht, bitten, uns zu beschützen und gut durch die Nacht zu geleiten. Am besten legst du dazu eine Hände auf dein Herz oder faltest beide vor deiner Brust und sprichst die Worte, die dir in den Sinn kommen. Das folgende Schutzgebet kannst du auch für andere sprechen, z. B. für deine Kinder.

GEBET ZUM SCHUTZ

»Geliebte göttliche Gegenwart,

ich, … (dein Name), bitte aus tiefstem Herzen die ewige Quelle in mir, mich jetzt in einen Mantel aus Licht zu hüllen, gewoben aus der Weisheit, dem Schutz, der Kraft und der Liebe Gottes (der Quelle, der Großen Mutter …) – nicht nur zu meinem Schutz, sondern zum Schutz von allen. Möge ich darin eingehüllt werden und tiefe Heilung (Weisheit, Kraft … das, was du gerade brauchst) erfahren. Möge jede Energie, die mit mir in Berührung kommt, durch die Liebe geheilt und geführt werden.

Ich danke aus tiefstem Herzen.«

Der nächste Morgen

Sobald wir die Augen am Morgen öffnen, verschwinden die Traumgedanken, und die Eindrücke der Außenwelt strömen in uns ein. Damit du deine Träume beim Aufwachen nicht verlierst, kannst du folgende Maßnahmen ergreifen:

- Wähle einen Wecker, der dich nicht plötzlich und ruckartig aus dem Traumgeschehen reißt, sondern dich allmählich aus dem Schlaf holt. Wenn es dir möglich ist, verzichte ab und zu einmal ganz auf einen Wecker.
- Halte direkt nach dem Aufwachen für eine Weile deine Augen geschlossen, denn wenn du die Augen öffnest, verflüchtigen sich die Träume. Fange mit geschlossenen Augen die Erinnerung an das letzte Gefühl und deine Traumgedanken ein.
- Spüre in deinen Körper hinein. Was fühlst du? Wärme, Kälte, Verspannung, Entspannung, Schmerz …? Wie fühlst du dich?
- Notiere stichpunktartig deine Traumgedanken und dein Körpergefühl in deinem Traumtagebuch, dann stehe auf.

Geistige Ausrichtung oder Traumreisen in die Hallen der Weisheit

Die verschiedenen Traumarten haben wir bereits in ihrer Qualität und Auswirkung kennengelernt. Darüber hinaus lassen sich unsere Träume in »große« und normale Träume kategorisieren. Dabei sind große Träume all jene, die für uns bedeutsam sind und die wir nicht vergessen können, weil sie uns berührt und vielleicht auch unser Leben verändert haben. Dazu ein persönliches Beispiel:

Als ich 19 Jahre alt war, habe ich meinen Bruder verloren. Nach seinem Tod bin ich eine Zeit lang »mitgestorben«. Ich wusste nicht mehr, wie mein Leben weitergehen sollte. In meiner Verzweiflung und Hoffnungslosigkeit betete ich aus tiefstem Herzen und bat die Spirits, mir zu helfen.

Da träumte ich eines Nachts, ich säße am Rande eines Abgrunds. Die Landschaft um mich herum war öde und düster, kein Weg führte aus ihr hinaus. Plötzlich kam ein strahlendes, gleißendes und irisierendes Licht auf mich zu, und es stellte sich heraus, dass es ein riesiger goldener Engel war. Er setzte sich zu mir und legte seine Flügel aus warmem Licht um mich. Dieses Licht drang in mich ein und schenkte mir Geborgenheit. Es war das erste Mal seit dem Tod meines Bruders, dass ich wieder Wärme in mir verspürte. Der Engel führte mich durch einen Tunnel aus der öden Landschaft heraus und mit den folgenden Worten zurück ins Leben: »Es gibt ein Leben nach dem Tod – nämlich deins! Unsere Hilfe ist dir gewiss.«
Als ich am nächsten Tag erwachte, empfand ich Zuversicht und neuen Lebensmut. In den darauffolgenden Tagen begegnete ich einer Frau, die mich durch die anschließende Zeit der Heilung begleitete. So änderte dieses Erlebnis, die Berührung mit diesem wundervollen Lichtwesen, mein Leben und gab ihm eine sehr gute Richtung. Diesen Traum trage ich heute noch genauso klar wie damals in meinem Herzen.

Des Nachts sind wir oft auf geistigen Ebenen unterwegs und werden von dort beheimateten Wesen geführt und geschult. Die großen Erfindungen und Erkenntnisse der Weltgeschichte traten sehr häufig durch einen Traum an die Oberfläche, da wir Menschen in dieser Zeit empfänglich für die Informationen aus der Geistigen Welt sind. Im Geiste existiert bereits alles, und es ist wichtig, sich darauf einzustimmen.

Dazu gibt es verschiedene Techniken:

- Das Gebet habe ich bereits im vorangegangenen Kapitel erwähnt. Es gibt dir Ausrichtung und ist das »Fahrzeug« zur Geistigen Welt schlechthin.
- Ein Symbol von deinem Meister, deiner Meisterin (ein Bild von Jesus, Babaji, Erzengel Raphael oder deinem Schutzengel), ein Krafttier, eine

Marienstatue, ein Schutzstein, ein für dich persönlich wichtiges Symbol, für das dein Herz offen ist, kann dich im Traum mit diesen Kräften in geistigen Kontakt treten lassen.

- Du kannst des Nachts in die Lichtstätten der Weißen Bruderschaft reisen, um dort Botschaften, Unterweisungen und Anleitung zur Mithilfe am großen Plan zu erhalten. Bitte jeden Abend vor dem Zubettgehen mit all deiner Kraft darum, dass die Meister und Meisterinnen des Lichts mit dir arbeiten. Du kannst diese Bitte an deinen Schutzengel, deinen Meister oder deine Meisterin richten. Hülle dich im Geiste in die jeweilige Farbschwingung ein, und lasse dich führen. Dein Wunsch wird erhört werden.
- Auch ein konzentriert gehaltener Wunsch nach oder Gedanke an Schulung, Heilung, Unterweisung, Botschaft aus den Lichttempeln kann dich direkt in die Tempel des Lichts führen. Es ist wichtig, dass du deine Bitte laut aussprichst, denn gesprochene Worte haben Kraft. Du bist der Lenker deiner Energie.
- Musik kann dich im Schlaf in hohe geistige Gefilde tragen. Wichtig ist, dass du dich vor dem Schlafengehen ausrichtest, dir überlegst, wohin du im Traum reisen, was du erfahren willst, auf welche Frage du eine Antwort in dir suchst.

Im Traum können wir Bereiche betreten, die uns in Lichtgeschwindigkeit in unserer Entwicklung vorantragen. Auch wenn wir uns nach dem Aufwachen vielleicht nicht mehr daran erinnern können, so haben wir doch neue Gedanken, neue Kräfte und wundern uns über das, was wir in Gesprächen mit anderen von uns geben. Wir werden merken, wie sich unser Leben durch die spirituelle Ausrichtung allmählich komplett verändert. Wir wissen, dass wir in einer Schulungsstätte waren, wenn unsere Energie deutlich höher ist, wir neue Eingebungen und Einsichten gewonnen haben und tiefen Frieden, Freude und Schönheit beim Aufwachen in uns verspüren.

Menschen, die über viel Energie verfügen, stellen sich oft in den Dienst der geistigen Welten, um anderen auf deren Weg behilflich zu sein. In der

Nacht unterstützen sie mit ihren feinstofflichen Körpern jene, die bestimmte Schwellen überschreiten müssen. Unsere geistigen Verbindungen sind viel umfangreicher und umfassender, als wir im Allgemeinen ahnen.

Mir ist es schon passiert, dass ich Personen im Traum begegnete, die ich viel später im realen Leben traf, weil es unsere Bestimmung war. Von daher kann ich jedem nur raten, sich auszurichten, den Wunsch und den Willen zu hegen, zu wachsen, sich zu entwickeln und weiterzugehen.

Es gibt Menschen, die ihr Leben im Reich der Träume sehr genießen und sich dort wohler fühlen als auf der Erde und im Wachzustand. In ihren Träumen sind sie vielleicht der Held oder die Heldin, den oder die sie in der Realität nicht in sich finden können. Im Alltag fühlen sie sich womöglich unverstanden und als würden sie bei allem versagen … Das alles führt zu einem ungesunden seelischen Ungleichgewicht, das die Kluft zwischen den Welten immer größer werden lässt. Diese aber muss überwunden werden, indem beide Welten zu einer Einheit zusammengefügt werden. Denn was nutzen uns all die Erfindungen und Erkenntnisse, die sich uns im Traum offenbaren, wenn wir sie nicht in die alltägliche Wirklichkeit holen können, um sie hier umzusetzen und anzuwenden?

Es ist wichtig, den spirituellen Zustand aus unseren Träumen ins Leben zu holen und dort die Verwirklichung des Traums anzustreben. Wir sollten unsere Arbeit in der Realität mit genau der gleichen Hingabe verrichten, mit der wir im Traum eine Aufgabe umsetzen. Der Alltag und das Traumerleben gehen Hand in Hand und wollen in der Balance gehalten werden. Es ist ein natürlicher Rhythmus, dem wir folgen sollten. Es gibt keine größere Erfüllung, als die in dem Augenblick, wenn Traum und Wirklichkeit eins werden. Dann sind wir ganz da und wach. Folgende Affirmation hat sich zu diesem Zweck bewährt:

»Großer Geist/Gott/Ewige Quelle …, zeige mir,
wie die Verwirklichung des Selbst und
das reale Leben in eine harmonische Balance
gebracht werden.«

Mit Albträumen arbeiten

»Ein Mann wird Nacht für Nacht von einem Tiger verfolgt. Er mag schon gar nicht mehr einschlafen, da er sich vor dem immer wiederkehrenden Traum fürchtet. Schließlich geht er zu einer Traumpsychologin. Diese zeigt ihm eine Übung, mit deren Hilfe er im Traum aufwachen kann. Eines Nachts ist es so weit: Er schafft es, im Traum aufzuwachen. Anstatt weiterzurennen, bleibt er stehen und dreht sich um. Dann fragt er den Tiger: ›Was willst du von mir?‹ Der Tiger antwortet: ›Weiß ich doch nicht – das ist doch dein Traum!‹«

Quelle unbekannt

Albträume können viele Ursachen haben: Sie können u. a. auf Seelenverlust, gebundene Lebensenergie, schwere Traumata, Abgrenzungsschwierigkeiten oder Themen aus der Ahnenreihe zurückzuführen sein. Es gibt Traumpsychologen, die sich auf dieses Gebiet spezialisiert haben und Menschen, die unter Albträumen leiden, helfen können, die Botschaften ihrer Seele zu verstehen und die Ursachen für die unruhigen Nächte aufzulösen. Bei schlimmen und immer wiederkehrenden Albträumen ist es ratsam, sich Hilfe dieser Art zu suchen.

Fürs Erste sollten wir lernen, in unseren Albträumen aufzuwachen, sie zu beenden oder auf gute Weise zu Ende zu führen (weitere Techniken aus der Traumpraxis findest du ab S. 199). Wir können den Traum sterben lassen, indem wir ihn bis zur letzten Konsequenz nachspielen – doch Vorsicht, hierzu bedarf es einer qualifizierten Führung!

Werden Albträume durch Seelenverlust, Energieraub oder energetische Angriffe ausgelöst, ist es sinnvoll, einen schamanisch arbeitenden Menschen aufzusuchen, der uns in die Seele schaut.

ÜBUNGEN ZUR ARBEIT MIT ALBTRÄUMEN

Aufschreiben/Erzählen

Wenn du einen Albtraum hattest, hilft es, diesen erst einmal niederzuschreiben oder ihn jemandem, dem du vertraust, zu erzählen. Es gilt in jedem Fall, ihn nicht zu ignorieren oder zu verdrängen, sondern ihn zu beachten. Allein dadurch, dass du deine Energie auf etwas richtest, beginnt es, sich zu lösen.

Bewusst weiterträumen

Wenn du deinen Albtraum niedergeschrieben hast, kannst du die Geschichte so weitererzählen, dass sie ein gutes Ende nimmt. Betrachte ihn einfach als Ausschnitt einer ganzen, insgesamt angenehmen Geschichte. Damit gibst du Verstand und Geist ein Muster vor, nach dem sie den Traum weiterträumen können. Alles kann aufgelöst und in gute Bahnen gelenkt werden. Tote können auferstehen, Kranke geheilt werden – im Traum ist alles möglich, das solltest du dir stets vor Augen halten. Du musst deinen Traum dazu nicht aufschreiben oder erzählen, sondern kannst ihn, bevor du deine Augen am Morgen öffnest, in Gedanken weiterträumen und zu einem guten Ende bringen.

Körperliche Symptome beachten
Wenn du einen Albtraum hast, ist es wichtig, dass du die körperlichen Symptome beachtest, die er bei dir hervorgerufen hat. Wo schmerzt dein Körper? Wo bist du verkrampft?

Alternativen entwickeln
Frage dich: Wenn du den Traum noch einmal träumen würdest, was würdest du darin anders machen? Schreibe deine Antwort in dein Traumtagebuch.

Die inneren Heilkräfte aktivieren
Wir alle verfügen ganz offensichtlich über Heilkräfte: Sobald wir uns verletzen, beginnt unser Körper augenblicklich, seine Wiederherstellung einzuleiten. Das gilt nicht nur für den physischen Leib, sondern auch für alle anderen Körper.
Um deine Heilkräfte nach einem Albtraum zu aktivieren, setze dich im Bett aufrecht hin, und bitte darum, dass alle Heilströme aktiviert werden. Du ersuchst damit die Geistige Welt um Unterstützung, rufst den inneren Heiler und dein Höheres Selbst an deine Seite. Diese kannst du bitten, dass sie dein Energiefeld versorgen und den Strom der Heilung durch es hindurchleiten, sodass alte Dinge und Blockaden sich auflösen.
Hast du geistigen Beistand herbeigerufen, dann stelle dir vor, wie goldenes Licht in dich hereinfließt. Es kann auch sein, dass es eine andere Heilfarbe hat, z. B. Grün, Rosa, Violett, Weiß, Blau … Lasse zu, dass dich dieser Heilstrom erfüllt und durchdringt. Mithilfe deiner Atmung lenke die Energie bewusst und zielgerichtet in die Verspan-

nungen und Schmerzen. Mit jedem Atemzug lädst du diese Stellen auf, sodass sie heilen können. Lasse die heilende Energie so lange fließen, bis du das Gefühl hast, dass du vollkommen mit ihr angefüllt bist.

Die Violette Flamme der Transformation

Die Violette Flamme oder das violette Licht hat für die heutige Zeit eine große Bedeutung. Wenn weißes Licht (universelle Lebensenergie) durch ein Prisma fällt, wird es in die verschiedenen Farben des Regenbogens gebrochen. Die Violette Flamme hat eine hochfrequente, kurz bzw. schnell schwingende Strahlung. Auf der subatomaren Ebene kann sie Materie am leichtesten durchdringen und umformen. Ihre Frequenz bewirkt Gnade, Vergebung und Umwandlung. Außerdem hilft sie sehr sanft, Blockaden zu lösen, Erkenntnisse zu erlangen und alte traumatische Erinnerungen zu wandeln. Viele Meister und Meisterinnen wie Quan Yin, Saint Germain, Merlin, außerdem Engel, Erzengel und andere mächtige Wesenheiten wirken mit dieser Flammenfarbe. Du kannst sie um Unterstützung bitten, wenn du dich zu ihnen hingezogen fühlst.

Stelle dir vor dem Zubettgehen vor, wie der Schutzschild aus weißem Licht (siehe S. 183) sich um dich herum aufbaut. Wenn du ganz darin eingehüllt bist, rufe die Violette Flamme herbei. Sieh, wie sie zu leuchten und zu lodern beginnt, dich ganz und gar durchdringt und alle Negation und Disharmonie in dir auflöst. Höre erst auf, wenn diese Flamme in deiner Vorstellung ruhig, fast weiß oder golden erstrahlt. Bitte auf deine Weise darum, dass sich die dunkle Schwingung in deinem Energiefeld auflöst.

Techniken der Traumpraxis

Wozu dient die Traumpraxis?

- die Traumerinnerung verbessern
- sich des Träumens im Traum gewahr werden
- willentlich erwachen
- das Traumgeschehen beeinflussen
- Macht über die Träume gewinnen, den Ablauf beliebig beeinflussen
- Träume bewusst gestalten
- geistige Heil- und Hilfskräfte hinzuziehen, um Heilung zu erlangen
- Samen von künftigem Karma in den Träumen verbrennen

Nun stelle ich dir einige Techniken aus der Traumpraxis vor. Lies sie dir alle durch, und schaue dann, welche dich anspricht. Stehst du noch ganz am Anfang deiner Traumpraxis, empfehle ich dir, mit dem Abschnitt »Persönliche Kraft aufbauen« zu beginnen. Plagen dich Albträume, wähle eine Technik aus dem Abschnitt »Zum Umgang mit dunklen Träumen« (S. 199). Außerdem findest du in diesem Kapitel Techniken zur Einleitung von Klar- und Wachträumen, vorbereitende Übungen zur Äther- und Astralprojektion sowie alles zum schamanischen Träumen. Hast du dich für eine Technik entschieden, dann praktiziere nur diese, und zwar am besten über einen längeren Zeitraum, etwa zwei bis drei Monate.

Persönliche Kraft aufbauen

Um das Bewusstsein für das Träumen zu stärken und auf eine höhere Ebene des Traums zu gelangen, ist es wichtig, persönliche Kraft aufzubauen. Folgende Maßnahmen tragen dazu bei:

Verantwortung für das eigene Leben übernehmen
Der erste Schritt ist, zu akzeptieren, dass jeder für sich selbst verantwortlich ist: »Ich übernehme die Verantwortung für mein Leben. Jetzt.« Denn solange wir anderen für die Umstände in unserem Leben die Schuld geben, verschenken wir unsere Kraft und verleihen ihnen Macht über uns. Verantwortung übernehmen heißt: Wir sind für unser körperliches Wohlbefinden und für den Zustand unseres Körpers zuständig. Wir entscheiden, was wir zu uns nehmen. Wir sind verantwortlich für das, was wir in unser Haus lassen. Wenn wir das erkennen, können wir alles ändern.

Sich der geistigen Praxis widmen
Es gibt viele Formen der geistigen Praxis: verschiedene Yogastile, Kampfsportarten, Spazierengehen, aktive und passive Formen der Meditation, Atemtechniken … Finde heraus, welche geistige Praxis dir am meisten liegt.

Den Wunsch und den Willen entfalten, Bewusstsein zu entwickeln
Wollen wir ein höheres Bewusstsein entwickeln, dann hilft es, heilige Texte zu studieren und darüber zu meditieren. Erhalten wir im Traum entsprechende Anweisungen, sollten wir versuchen, diese im täglichen Leben umzusetzen.

Es gibt sehr schöne Texte, z. B. von White Eagle, Sai Baba, Babaji, sowie buddhistische Schriften, Passagen der Bibel usw. Nimm dir vor, jeden Abend vor dem Zubettgehen einen Abschnitt aus einem Buch zu lesen, das dich inspiriert. Anschließend lasse dir das Gelesene noch einmal durch den Kopf gehen. Was bedeutet diese Botschaft für dein alltägliches Leben? Wie kannst du sie umsetzen? Nimm diese Fragen mit in den Traum, und bitte um eine Antwort.

Manchmal bekommen wir einen Traum, der uns konkrete Antworten auf unsere Fragen liefert. So träumte ich einmal von einem Meister. Er zeigte mir eine Eigenschaft, und zwar die der »Beobachterin«, die mir bisher noch nicht an mir aufgefallen war, in einem sehr interessanten, einprägsamen Traumbild. Ich erhielt die Anweisung, diese Eigenschaft weiterzuentwickeln. Dies setzte ich, wann immer ich konnte, im Alltag beim Verrichten meiner Tätigkeiten um.

Manchmal hallt nach dem Aufwachen nur ein Wort oder ein Satz im Kopf nach – doch dieser ist für unser Leben von Bedeutung.

Wenn wir persönliche Energie aufbauen, wird sich unsere Art des Träumens verändern, da sie mit unserer individuellen Energie in Resonanz steht. Unser Alltag und unsere Träume sind nicht voneinander getrennt. Jede Entwicklung, die wir machen, beeinflusst auch unser Träumen.

ÜBUNG: WIE LÄSST SICH ENERGIE AUFBAUEN?

Konzentriere dich auf ein schönes Objekt in deiner Umgebung, und nimm dessen Schönheit so lange in dich auf, bis du seine Liebe und Weisheit in dir spürst. Das kannst du auch vor dem Zubettgehen tun. Geeignet sind eine Blume, das Bildnis deines Meisters oder deiner Meisterin, die Skulptur deines Krafttieres o. Ä.

Atme tief und bewusst. Stelle dir vor, wie du goldenes Licht, Schönheit und Liebe so lange einatmest, bis du dich leicht und unbeschwert fühlst.

Visualisiere dich als ein leuchtendes Wesen, umgeben von einem Lichtkranz und erfüllt von einem strahlenden, funkelnden Lebenselixier.

Fühle dich mit allem verbunden und eingebettet in die Einheit. Denke dazu an alles, was du liebst, z. B. bestimmte Menschen, Orte, Tiere, Blumen, Bäume, Mineralien, Elemente. Du hast einen Platz im großen Ganzen.

Wann immer du dich leer fühlst, ist deine wichtigste Aufgabe, dich zurückzuziehen, deine Verbindung zur universellen Lebensenergie wiederherzustellen und dich mit ihr anzufüllen. Denn nur wer etwas hat, kann auch etwas geben. Lerne, ein gewisses Maß an Energie aufrechtzuerhalten. Stelle dir vor, dass stets genauso viel Energie, wie du abgibst, augenblicklich wieder in dich einströmt, sodass du nicht mehr an Energiemangel leidest. Verinnerliche dieses Bild. Du erkennst, dass du viel Lebensenergie hast, wenn du dich wach und lebendig fühlst.

Zum Umgang mit dunklen Träumen

Schutz und Kraft für die Nacht

»Schutz und Kraft gehören zusammen.
Wer vollkommen in seiner Kraft ist, braucht keinen Schutz,
wer nicht in seiner Kraft ist, sollte mit Schutztechniken arbeiten,
damit er seine Kraft wiedererlangt.«

Quelle unbekannt

Wenn du eher ängstlich bist und von dunklen Träumen heimgesucht wirst, arbeite vor dem Schlafengehen mit verschiedenen Schutztechniken, um Albträume im Nu zu überwinden.

SCHUTZTECHNIKEN GEGEN DUNKLE TRÄUME

- Bete, und bitte um Schutz und Führung.
- Bringe dich durch Gesang, schöne Musik und Affirmationen innerlich ins Gleichgewicht.
- Stelle dir vor, dass du in weißes Licht gehüllt bist.
- Visualisiere ein schützendes Kristallei um dich herum, und bitte die Geistige Welt, dieses bis zum Morgen aufrechtzuerhalten.
- Lasse ein Licht an.
- Nimm ein Stofftier mit ins Bett, das dich beschützt, z. B. einen Teddybären.
- Errichte einen Schutzkreis aus goldenem Licht um dich herum, entweder durch die Kraft deiner Vorstellung oder mit einem realen goldenen Band, das du im Kreis um dein Bett herum legst.
- Bastle einen Traumfänger (siehe S. 230).
- Mache mit der Frage, wie du dich während der Nacht schützen kannst, eine schamanische Trommelreise.

Aufwachen aus unliebsamen Traumsituationen

Übe, deine Energie zu lenken.

Es gibt verschiedene Techniken, mit denen wir unliebsame Traumsituationen beenden können. Die folgende eignet sich besonders gut dazu, sich selbst aus unangenehmen Träumen zu holen:

ÜBUNG: UNGUTEN TRÄUMEN ENTFLIEHEN

Suche dir irgendeinen Punkt an der Decke oder Wand. Wenn du magst, kannst du ihn markieren. Übe tagsüber, diesen Punkt eine ganze Zeit lang zu fixieren. Damit stärkst du dein Gefühl für diese Übung. Bevor du einschläfst, sage mindestens dreimal laut: »Wenn ich träume, möchte ich mich daran erinnern, dass ich träume.« Solltest du dann in einem Albtraum landen, starre auf einen Punkt. Du wirst schnell feststellen, dass die Traumszene sich entweder verwandelt, sich augenblicklich auflöst oder du zum Erwachen geführt wirst.

Klar- oder Wachträume

Klar- oder Wachträume können uns auf unserem Weg zu einem höheren Bewusstsein und bei unserer spirituellen Entwicklung eine große Hilfe sein – mehr noch, wir können sie sogar zielgerichtet einsetzen.

Du kannst Klarträume nutzen, um …

- Eigenverantwortung zu entwickeln:
  Als Träumender oder Träumende gestaltest du deine Träume bewusst und handelst selbst in deinen wildesten Träumen selbstbestimmt.
- Unabhängigkeit zu verwirklichen: Als Träumender oder Träumende bist du selbst betroffen, beobachtest und handelst aktiv. Interpretationen werden überflüssig.
- Selbstheilung, Gesundheit und inneres Wachstum zu fördern
- die Regeneration anzuregen
- Lösungen zu finden und Probleme kreativ zu bewältigen
- Wünsche zu erfüllen
- Unterweisungen zu erhalten und kreatives Potenzial freizulegen
- das Empfangen von Botschaften zu erlernen
- Bewusstheit und Wachheit zu entfalten für die verschiedenen Energiekanäle und den Informationsfluss, den du dann zum Wohle aller mitlenken kannst.

Ich möchte im Folgenden einige Techniken zur Einleitung von Klar- oder Wachträumen vorstellen.

ÜBUNG: DEN TRAUMZUSTAND HINTERFRAGEN

Eine Möglichkeit, das Klarträumen zu schulen, ist die, den Zustand des Träumens am Tag und in der Nacht zu hinterfragen. Stelle dir dafür tagsüber oft und ernsthaft die Frage: Bin ich im Traumzustand, oder bin ich im Wachzustand? Prüfe das besonders bei Objekten und Gegenständen, die dir im Traum öfter begegnen. Irgendwann wirst du dir diese Frage auch im Traumzustand stellen. Versuche beim Einschlafen, solange es geht, ein klares Bewusstsein zu wahren.
Kurz vor dem richtigen Erwachen solltest du deinen Traum »durchdenken«, ihn noch einmal in so vielen Einzelheiten wie möglich vor deinem inneren Auge passieren lassen. Solange du die Augen geschlossen hältst, bewahrst du die Erinnerungen an den Traum. Sobald du die Augen öffnest, entweicht dessen feinstoffliche Energie.

Mantra am Morgen: »Ich schlafe ein.«
Mantra am Abend: »Ich wache auf.«

Affirmationen

Als Affirmation wird ein Satz bezeichnet, der durch ständiges Wiederholen mit Kraft aufgeladen wird und das Unterbewusstsein programmiert. Dadurch kann sich die feinstoffliche Energie verdichten und sich in der Wirklichkeit zeigen.

Sprich die Affirmation deiner Wahl vor dem Einschlafen mindestens drei Mal bewusst und mit aller Konzentration, die du aufbringen kannst. Du kannst sie auch aufschreiben und mehrmals lesen. Gib nicht auf, wenn du nicht gleich ein Ergebnis erzielst.

BEISPIELE FÜR AFFIRMATIONEN, DIE DAS BEWUSSTE TRÄUMEN FÖRDERN:

- »Ich erinnere mich genau an das, was ich träume.«
- »Heute Nacht wache ich im Traum auf.«
- »Deutlich und klar nehme ich mein Traumgeschehen wahr.«
- »Jede Nacht wird immer mehr zum Segen für mich.«
- »Ich erhalte jetzt die Antwort, die für mich in meiner momentanen Lebenssituation wichtig ist.«
- »Ich werde ab jetzt im Traum unterrichtet. Immer deutlicher und klarer kann ich mich an das Traumgeschehen erinnern.«
- »Intuitiv weiß ich jetzt, was mir dieser Traum sagen will.«
- »Ich werde von der göttlichen Quelle geführt.«
- »Sendet mir das, was für mich gerade von Bedeutung ist.«
- »Segnet mich heute Nacht.«
- »Heute Nacht ist mir der Segen der geistigen Welten gewiss.«
- »Ich erhalte Trost, Heilung, Verbundenheit, Liebe, Kontakt … Dies wird immer stärker und deutlicher in meinem Leben.«
- »Mein Traum sendet mir die Antwort auf die Frage … Danke.«
- »Jede Nacht erfahre ich jetzt Heilung, Stärkung, Liebe – immer mehr.«

Kristallvisualisierung

Kristalle jeder Art erhöhen die Energie. Sie führen uns in den Traumreichen. Sie sind wie Lichter, die uns den Weg leuchten. Entsprechend ist es hilfreich, sich einen Kristall, am besten einen ganz klaren, neben das Bett zu stellen.

ÜBUNG: DER KRISTALL

Konzentriere dich vor dem Einschlafen auf deinen Kristall. Studiere seine Natur – seine kristalline Energie, seine Form, seine Festigkeit. Betrachte ihn ganz intensiv.
Schließe dann deine Augen. Stelle dir deinen Kristall so rein und klar wie möglich vor. Versuche, das Bild von deinem Kristall so lange, wie es dir möglich ist, mit geschlossenen Augen aufrechtzuerhalten und mit in den Schlaf hinüberzunehmen. Auf diese Weise förderst du Klarträume und stärkst deine Erinnerung an das Traumgeschehen.
Praktiziere diese Übung über einen längeren Zeitraum hinweg, mindestens aber neun Wochen lang, jeden Abend vor dem Einschlafen.

ÜBUNG: AUGEN AUF DEM KRISTALL

Eine weitere Variante für die Arbeit mit Kristallen ist das Visualisieren von Augen im Kristall. In Ägypten glaubte man, die guten Träume kämen von Horus, dem Sonnengott, sein Symbol ist das Auge.
Augen stehen für das erwachende Bewusstsein, für den sprühenden Geist. Sie beobachten alles und nehmen es in sich auf.
Stelle dir zunächst deinen Kristall vor, klar und rein, und dann lasse Augen in ihm erscheinen. Du kannst erst einmal mit einem Auge anfangen. Sieh, wie es sich in deinem Kristall öffnet. Später kannst du

den ganzen Kristall voller Augen visualisieren. Sie öffnen sich und blicken in alle Himmelsrichtungen. Halte die Vorstellung aufrecht, bis du einschläfst.
Der nächste Schritt ist dann, im Traum zu erwachen und ganz frei zu sein, alles neu, gut und glücklich zu gestalten. Damit erschaffst du über die kristalline Energie eine neue Wirklichkeit. Wenn du aufwachst, notiere deine Erlebnisse in deinem Traumtagebuch.

ÜBUNG: ZUM KRISTALL WERDEN

Eine weitere Variante der Kristallarbeit geht wie folgt: Stelle dir vor, wie du zu einem Kristall wirst. Erst wird dein Schädel zu einem Kristallschädel, dann deine Knochen zu Kristallknochen und schließlich dein kompletter Körper ganz und gar kristallin. Halte diese Vorstellung aufrecht, solange du kannst. Stelle dir vor, wie du immer klarer, strahlender und durchscheinender wirst, wie alle deine Körper sich in einen reinen, strahlenden Kristall verwandeln.
Versuche, dieses Bild so lange und deutlich aufrechtzuerhalten, wie es dir möglich ist, und es mit in deine Träume zu nehmen.

Der Buddhaschlaf

»Träumen ist all das, woraus man erwachen kann.«

Paul Valéry, französischer Dichter

Der Buddhaschlaf ist ein Schlüssel in der Traumpraxis. In vielen Ländern finden wir Statuen eines schlafenden oder eines liegenden Buddhas mit halb geöffneten Augen. Buddha bedeutet »der Erwachte« und bezeichnet jemanden, der aus dem Schlaf der Unwissenheit und des Unbewussten erwacht ist und die Dinge so sieht, wie sie sind. Es ist eine Person, die vollständig frei von allen Fehlern und Hindernissen geworden und zu vollem Bewusstsein ihrer geistigen Natur erwacht ist.

Die schlafende Buddhastatue steht für das erwachte Bewusstsein, das nie schläft, gleich, ob wir die Augen ganz oder halb geöffnet oder geschlossen haben.

Entsprechend ist der Buddhaschlaf eine besondere Variante, zu schlafen und doch bei vollem Bewusstsein zu bleiben. Die Haltung, die der schlafende Buddha einnimmt, hilft besonders dabei, im Schlaf wach zu bleiben. Dämmern wir weg, so knickt unser Arm, auf den wir den Kopf stützen, ein, wovon wir wieder wach werden. Probiere es gern einmal aus.

»Jedes Ding hat drei Seiten: eine, die du siehst, eine, die ich sehe, und eine, die wir beide nicht sehen.«

Chinesisches Sprichwort

ÜBUNG: DER BUDDHASCHLAF

Lege dich mit der rechten Körperseite bequem auf ein Kissen. Stütze deinen Kopf ab wie der liegende Buddha. Schließe die Augen, öffne dein Herz. Konzentriere dich auf deinen Herzschlag. Während der Einschlafphase visualisiere einen Kristall mit Augen, die in alle Richtungen blicken. Die Augen helfen dir, alles um dich herum wahrzunehmen, und erweitern dein Sichtfeld.
Versuche, beim Einschlafen dieses Bild, solange es dir möglich ist, aufrecht zu halten. Während dein Körper in den Schlaf sinkt, bleibt dein Bewusstsein hellwach. Lasse geschehen, was geschehen soll. Du wirst dich wundern, wie leicht dir der Einstieg in die Welt der Träume gelingt.

Schreibe nach dem Aufwachen deine Erfahrungen und Erlebnisse sowie die erhaltenen Botschaften auf. Du kannst dich auch mit einer Frage auf diese Weise hinlegen. Oder du konzentrierst dich nur auf Buddha und lässt ihn zu dir sprechen.
Diese Übung ist steigerungsfähig, z. B., indem du dir vornimmst, in den reinen Spiegel des unendlichen Bewusstseins zu schauen. Lasse deine Gedanken wie Wolken weiterziehen, bis der Himmel klar und blau ist. Versuche, deine Gedanken im wachen Zustand völlig zum Stillstand kommen zu lassen. Das Fehlen von Gedanken oder Absicht allein genügt nicht, das führt zum traumlosen Tiefschlaf. Doch dann bleibt der Spiegel des Bewusstseins dunkel. Nur in einem wachen, regen Geist verwirklicht sich das Selbst, in einem stumpfen ist dies nicht möglich.

Visualisieren der Hände

Sich auf die eigenen Hände zu konzentrieren, bedeutet, eine Brücke vom Alltag in die Traumwirklichkeit zu schlagen. Obwohl es sich so lesen mag, ist dies wahrlich keine einfache Übung. Denn wenn wir uns im Traum unsere Hände ansehen wollen, setzt dies voraus, dass wir uns darin unserer selbst bereits bewusst sind. In einem normalen Traum ist dies nicht der Fall. Nimm dir also fest vor, im Traum deine Hände anzuschauen. Vielleicht findest du in dir selbst einen kreativen Weg, diese Aufgabe zu lösen.

ANDERNFALLS FINDEST DU HIER EINE ANLEITUNG UND TIPPS:

Bringe dich vor dem Einschlafen in einen Zustand vollkommener Ruhe und Entspannung (siehe »Traumpraxis: Vorbereitung auf den Schlaf«, S. 180). Versuche, den »inneren Dialog« abzustellen.
Betrachte deine Hände genau, und nimm dir vor, sie im Traum anzuschauen. Fasse den festen Entschluss, deine Aufmerksamkeit auf sie zu richten. Mache diese Übung jeden Abend vor dem Schlafengehen. Damit schaffst du einen bewussten Bezugspunkt zwischen Traum und Wirklichkeit.
Lasse dich anschließend langsam in den Schlaf hinübergleiten, und beobachte dich dabei. Bleibe auf deine Hände konzentriert und das mit der festen Absicht, sie im Schlaf zu sehen. Wenn du dich wirklich bemühst, wirst du Erfolg haben. Die Hände, die du im Schlaf siehst, existieren tatsächlich. Sie gehören zu dir und deinem Körper.
Versuche, dieses bewusste Sehen über einen längeren Zeitraum im Traum aufrechtzuerhalten. Wenn wir im Traum etwas ins Auge fassen, verändert es seine Form. Wenn die Hände anfangen, ihre Form zu verändern, schaue etwas anderes an und dann wieder auf sie. Auch wenn das Bild unscharf zu werden oder zu verschwimmen droht, gilt es, den Blick wieder zurückzulenken und allmählich die

Kontrolle über die Traumbilder zu erlangen. Es ist wichtig, dass wir lernen, unsere Traumbilder aufrechtzuerhalten. Wir müssen diese Kontrollinstanz in uns erst ausbilden. Dieser Prozess braucht Zeit, da wir ihn im Traum nicht willentlich beeinflussen können. Doch wir können es trainieren. Es ist reine Übungssache – gerade so, wie wir Muskeln trainieren können oder Fähigkeiten wie das Klavierspielen.

Sobald du es schaffst, im Traum deine Hände zu betrachten, beginne damit, von deinen Händen in die Traumumgebung zu schauen und wieder zurück, dann erweitere das Bild allmählich. Wenn du die Kontrolle über den Perspektivenwechsel erlangt hast, kannst du eine ganze Traumsequenz anschauen und wieder zu den Händen zurückkehren. Anfangs kannst du deinen »Film« stumm betrachten, später dann mit all deinen Sinnen einsteigen. Doch du solltest langsam beginnen. Bevor du dich vom Traumgeschehen leiten lässt, musst du die Kontrolle über deine Traumbilder gewinnen.

Du kannst deine nächtliche Traumarbeit auch am Tag unterstützen. Übe z. B. beim Meditieren, das Bild deiner Hände aufrechtzuerhalten. Nimm eine bequeme Haltung ein. Halte den inneren Dialog an, indem du die Gedanken an dir vorbeiziehen lässt wie eine Wolke und dabei in der Stille bleibst. Betrachte deine Hände fünf Minuten lang. Schließe dann die Augen, und versuche, das Bild deiner Hände so lange und exakt wie möglich vor deinem inneren Auge aufrechtzuerhalten. Spüre deine Hände.

Exkurs: Das Traumyoga

An dieser Stelle möchte ich das Traumyoga kurz erwähnen: In Tibet zielt die spirituelle Praxis des Traumyoga darauf ab, die eigene Präsenz im Traum zu stärken und das Traumgeschehen ganz bewusst zu erleben. Es hilft aber auch, sich seiner selbst in verschiedenen Bewusstseinszuständen gewahr zu bleiben.

Das Ziel des Traumyoga ist Befreiung oder Erleuchtung, indem man immerwährend in der nondualen Präsenz verweilt. Darüber hinaus geht es dabei auch darum, sich auf das Leben nach dem Tod vorzubereiten. Das Traumyoga ist auch ein Weg, den die Schamanen und Schamaninnen gehen, um vollständig in der geistigen Essenz zu erwachen.

Weitere und ausführliche Informationen zum Traumyoga findest du in Tenzin Wangyal Rinpoches Buch »Übungen der Nacht – tibetische Meditationen in Schlaf und Traum«. Der Autor gibt ab und zu in Europa Kurse zu diesem Thema.

Ätherprojektion und Astralprojektion

Ich möchte nun einige vorbereitende Techniken zur Äther- und Astralprojektion vorstellen. Die Übungen sind sehr effektiv und hilfreich, was die Traumpraxis angeht. Sie fördern das Träumen ungemein.

Die Spiegeltechnik

Diese Technik hilft dir, dein Bewusstsein zu erweitern und Unmögliches möglich zu machen. Unser Verstand glaubt alles, was er sieht. Gleichzeitig hält er es für wahrscheinlicher, dass auf einem Tisch eine Blumenvase steht als ein kleines grünes Männchen, da der Anblick von Blumenvasen alltäglich ist, kleine grüne Männchen jedoch nicht zum gewohnten Bild gehören. Um der Traumwirklichkeit näherzukommen, ist es wichtig, den Verstand von ihrer Existenz zu überzeugen, und zwar indem wir Bilder schaffen, die das zuvor Unmögliche denkbar machen.

Die Spiegeltechnik ist eine Vorübung zur Ätherprojektion sowie zur darauf aufbauenden Astralprojektion. Es geht dabei u. a. darum, Kontrolle über die Traumbilder zu erlangen. Der Spiegel kann darüber hinaus helfen, das Zweite Gesicht zu entwickeln. Er unterstützt uns dabei, uns auf neue Art zu entdecken, uns auf Astralreisen vorzubereiten, die vielen Gesichter der Seele zu erkennen …

ÜBUNG: DIE SPIEGELTECHNIK

Nimm dir einen großen Spiegel, in dem du dich ganz sehen kannst. Setze dich davor, und betrachte dich eine Weile – erweitere dein Blickfeld allmählich, indem du die Augen weit aufmachst, sodass du links und rechts von dir so viel wie möglich wahrnehmen kannst. Starre beharrlich, ohne zu blinzeln, auf dein Spiegelbild. Es kann sein, dass deine Gesichtszüge sich verändern oder um dein Energiefeld ein Leuchten auftritt. Schaue, was geschieht, und nimm so viele Details wie möglich wahr.
Dann entspanne dich. Betrachte dich weiterhin im Spiegel, und versuche, dich in dein Spiegelbild hineinzuversetzen. Stelle dir vor, du schautest dich selbst aus dem Spiegel heraus an. Bis das klappt, kann es etwas dauern, denn es erfordert einige Übung. Doch je öfter du diese Technik praktizierst, desto leichter wird es dir fallen, dich aus dem Spiegel heraus anzublicken.

Mit dieser Übung bringst du deinem Verstand bei, die Doppelgängernatur des Seins zu akzeptieren, und bereitest dich auf den Moment vor, in dem du im Traum nach dem Austritt aus deinem physischen Körper auf dich selbst hinabblickst und mit deinem Energiekörper bewusst auf Reisen gehst. Erschrickst du beim ersten Mal, wenn das passiert, dann wackle einfach mit deinem großen Zeh: Dadurch wachst du augenblicklich auf.

ÜBUNG: DAS ZWEITE GESICHT ENTWICKELN

Um dein Zweites Gesicht, deinen Geist- oder Lichtkörper zu entwickeln und kennenzulernen, nimm dir spätabends oder nachts Zeit. Du kannst dafür eine besondere Zeit wählen, z. B. Mitternacht oder Vollmond. Doch auch jede andere Nacht ist richtig, wenn sie sich für dich stimmig anfühlt. Stelle einen Spiegel auf. Lasse die Nacht in dein Zimmer, entzünde kein Licht.

Setze dich vor den Spiegel. Nach einiger Zeit wirst du bemerken, dass die Dunkelheit gar nicht so vollkommen ist wie immer gedacht. Atme tief ein und aus, und lasse alle Gedanken los, indem du sie als vorbeiziehende Wolken betrachtest. Konzentriere dich auf den Punkt zwischen den Augen deines Spiegelbilds. Versuche, nicht zu blinzeln. Wenn du die Übung eine Zeit lang machst, wird dein Spiegelbild allmählich verschwimmen. Dein Gesicht verändert sich, wird zu immer neuen Gesichtern. Vielleicht erscheint ein Licht um deinen Körper herum. Lasse zu, was passiert, und erlaube dir, immer tiefer in die Welt deiner Seele einzutauchen. Was du siehst, erzählt von dir, von deiner Energie, von den Kräften hinter deiner äußeren Hülle, von dem inneren und äußeren Bild deiner selbst. Sind die Bilder schmerzlich und heftig, brich ab, schalte das Licht an, und komme ganz zu dir zurück. Am Anfang kannst du einen Wecker stellen, der dich zurückholt.

Im Anschluss bereite dich auf die Astralreise vor, indem du versuchst, dich selbst vor dem Spiegel aus dem Spiegel heraus anzuschauen. Gehe im Geiste in dein Spiegelbild hinein, und betrachte dich von dort. Dies ist wichtig, denn wenn wir beim Astralreisen aus unserem Körper hinaustreten, sehen wir uns selbst, wie wir unter uns liegen, was Ungeübte in Schrecken versetzen kann. Wenn du dich bei dieser Übung unsicher oder zu wenig geschützt fühlst, ziehe beim nächsten Mal einen Schutzkreis aus Salz um dich und den Spiegel. Rufe die über dich wachenden Kräfte auf deine Weise. Du kannst dich darauf verlassen, dass du nur bis dorthin geführt wirst, wo du im Moment mit deiner Seelenentwicklung stehst.

Die Energiekörperprojektion

Bei dieser Übung geht es darum, dein visuelles Gedächtnis und deine Vorstellungskraft zu stärken, damit du deine Traumbilder klar wahrnehmen kannst. Außerdem wirst du durch sie mental und ideell auf einen Austritt aus deinem Körper vorbereitet.

ÜBUNG: DIE ENERGIEKÖRPERPROJEKTION

Suche dir einen Platz, an dem du dich gut entspannen kannst. Stelle sicher, dass du dort eine Zeit lang nicht gestört wirst. Mache es dir bequem, und lasse alle Gedanken und alle Anspannung los. Halte den »inneren Dialog« an – wähle dazu den Weg, der dir am meisten liegt (Atemübungen, Yogaübungen, Meditation …).

Stufe I
Wenn du ganz entspannt bist, konzentriere dich auf folgende Aufgabe: Visualisiere, dass du nicht mehr an deinem Platz, sondern an einer anderen Stelle im Raum sitzt. Versuche, dir dies ganz klar und konzentriert vorzustellen. Das Bild von dir, wie du dort sitzt, sollte so deutlich, detailliert und dreidimensional wie nur möglich sein. Male dir jede Einzelheit genau aus, und achte auf alle Details: die Farbe deiner Schuhe, deine Gesichtszüge, die Haltung der Hände … Stelle dich dir so vor, wie du in Wirklichkeit aussiehst.
Übe diesen Schritt jeden Tag 10 bis 15 Minuten, bis die Projektion dir leichtfällt und du sie ohne große Willensanstrengung ausführen kannst.

Im nächsten Schritt stelle dir vor, wie die Projektion von dir von ihrem Sitzplatz aufsteht, im Zimmer umhergeht und eine Richtung deiner Wahl einschlägt. Als Vorbereitung kannst du dies zunächst mit deinem physischen Körper tun. Sei dabei aufmerksam und be-

dächtig. Gehe langsam durch den Raum, und achte auch auf Details. Setze dich dann bequem hin, schließe deine Augen, und wiederhole es in deiner Vorstellung. Stelle dir dabei so viele Einzelheiten wie möglich vor.
Am Anfang kannst du die Details immer wieder durch tatsächliches Umherlaufen überprüfen. Irgendwann sollte es dann allein in deiner Vorstellung funktionieren. Übe auch diesen Schritt so lange, bis er dir leichtfällt. Dann starte deinen Gang durch den Raum in entgegengesetzter Richtung. Sobald auch das gut funktioniert, mache den nächsten Schritt.

Stelle dir nun vor, wie du in geistiger Gestalt in das Zimmer nebenan gehst. Erforsche es. Erweitere deinen geistigen Bereich, indem du durch die ganze Wohnung oder das ganze Haus gehst. Blicke dabei stets von außen auf deinen Doppelgänger.

Der letzte Schritt besteht darin, einen weniger vertrauten und weiter entfernten Ort auf die beschriebene Weise zu erkunden.

Anhand dieser Schritte lernst du, deine Imaginationskraft zu entwickeln, einen astralen Doppelgänger zu visualisieren, verschiedene Perspektiven einzunehmen und im Geiste verschiedene Orte zu besuchen.

Du kannst die Übung auch mit einem Partner machen. Dieser verändert z. B. einen Gegenstand in dem Zimmer, das du im Geiste betreten wirst. Deine Aufgabe ist es dann, festzustellen, was verändert wurde. Das direkte Feedback und das Zusammenspiel werden dir helfen, die Brücke zwischen den geistigen Welten und der alltäglichen Welt zu schlagen. Gib nicht auf, wenn du anfangs daneben liegst. Übung macht den Meister!

Wenn du alle Schritte der Stufe I beherrschst, kannst du dich daranmachen, die nächste Stufe zu erklimmen.

Stufe II
Visualisiere, diesmal allerdings mit offenen Augen, wieder dein Spiegelbild als reale Figur im Raum. Wenn du die Gestalt deines Doppelgängers klar und deutlich vor dir siehst, dann stelle dir vor, mit seinen Augen zu sehen. Betrachte dich selbst und deine Umgebung durch die Augen dieses Doppelgängers.
Mit einiger Übung wird dir das gelingen. Wenn du diese Technik eine Zeit lang praktiziert hast, wirst du merken, dass du im Doppelgängerkörper ein Realitätsgefühl entwickelst und dieser Körper allmählich an Energie gewinnt.

Im Weiteren kannst du nun vorgehen wie bei Stufe I beschrieben – nur dass deine Energie sich in diesem Fall bewusst im Körper deines Doppelgängers befindet.
Wundere dich nicht, wenn sich Dinge als real erweisen, die du wahrgenommen hast, während du in diesem Körper unterwegs warst. Um hierbei eine größere Sicherheit zu erlangen, ist eine Partnerübung sehr hilfreich.

Die beschriebenen Schritte und Stufen dienen der geistigen Vorbereitung einer Astralprojektion. Sie schulen zudem die Fähigkeit zur bewussten Wahrnehmung und zum aktiven Handeln im Traum. Durch sie lernen wir, uns vom Kleinen ins Große hineinzubewegen, vom Bekannten in das Unbekannte, vom Realen in fremde Reiche. Weiter will ich hier nicht gehen, doch ich möchte betonen, dass wir, wenn wir uns in diesen Ausführungen üben, beginnen, unser visuelles Gedächtnis zu schulen und unsere Zweite Wahrnehmung zu entwickeln, die für die Traumkontrolle von großer Bedeutung sind.

Wenn du dich intensiver mit der Astralprojektion auseinandersetzen möchtest, empfehle ich dir folgende Bücher: Robert Monroe »Über die Schwelle des Irdischen hinaus«, Sylvan J. Muldoon und Hereward Carrington »Die Aussendung des Astralkörpers« und James H. Brennan »Astral-Projektion«.

Die schamanische Traumpraxis

Im Schamanismus gelangt man über den Traum in andere Wirklichkeiten und Ebenen. Für das schamanische Träumen ist es wichtig, dass wir uns die Fähigkeit angeeignet haben, über einen Kanal zur kosmischen Quelle persönliche Energie zu gewinnen.

Es besteht ein Zusammenhang zwischen der sexuellen Energie, der persönlichen Vitalität, dem Vermögen, zu heilen, und der Fähigkeit, zu träumen. Der Schamane bzw. die Schamanin leitet seine bzw. ihre sexuelle Energie in die oberen Chakras, um kosmische Energie anzuziehen, aufzubauen und zu lenken. Diese nutzt er oder sie zum Heilen. Yogis arbeiten mit derselben Energie, um Wunder zu vollbringen. Die Aborigines, die australischen Ureinwohner, verwenden sie, wenn sie Hitze in sich aufbauen oder in der Traumzeit wandeln wollen. Für alle geht es darum, über sich selbst hinaus- und in die Unendlichkeit des Seins hineinzuwachsen.

Bei einigen Richtungen des Schamanismus ist der Traum der weiblich-intuitiven, irrationalen Seite des Lebens zugeordnet. Demzufolge ist eine der organischen Entsprechungen des Traums der weibliche Unterleib und insbesondere der Uterus. In der Gebärmutter entsteht das neue Leben. Dort wird es empfangen, erschaffen und zur Reife gebracht. Im verborgenen wässrigen Nährboden wird der geistige Samen genährt und gewinnt an Kraft. Traumkraft ist Schöpferkraft und steht in sehr enger Verbindung mit Sexualität und der Fähigkeit, sexuelle Kraft aufzubauen und zu leiten.

Männer, die das Weibliche ehren und dem entsprechenden Wesensanteil in sich Platz eingeräumt haben, sind besonders produktive Träger der Traumkraft. Im Schamanismus ist es wichtig, dass der Mann sich dem weiblichen

Teil in sich öffnet, damit er Heilträume empfangen und seine Visionen zur Manifestation bringen kann. Die Frau hingegen hat die Aufgabe, ihre weibliche Kraft wieder voll in Besitz zu nehmen und zu heilen, ihr zu vertrauen, damit sie ihre Traumkraft in vollem Umfang entfalten kann.

Erinnern wir uns an die Menschen, die Empfangende heiliger Visionen waren. Um den Kanal zu öffnen, der die Botschaften höherer Ebenen übermittelte, zogen sie sich oft in die Einsamkeit, in ihr tiefstes Inneres zurück. Typische Rückzugsorte waren Höhlen, die einen See oder eine unterirdische Quelle in sich bargen. Eine solche Stätte steht symbolisch für den Uterus. Dort konnte die Vision in Ruhe empfangen werden und an Kraft gewinnen, sodass sie Wirklichkeit wurde.

Träume, die über wahre Kraft verfügen, manifestieren sich in der alltäglichen Wirklichkeit. Das wird leichter, wenn wir lernen, eine Brücke zu schlagen zwischen der Alltagswelt und der Traumwelt. Im Schamanismus gibt es keine wirkliche Trennung zwischen diesen beiden Ebenen. Alles steht im Austausch. So ist es wichtig, etwas mit in die Träume und die Träume wiederum mit in die Wirklichkeit zu nehmen, d. h., die Welten miteinander zu verbinden und aneinander auszurichten.

Schamanen und Schamaninnen finden ihre Kraftgegenstände in der anderen Wirklichkeit und bauen sie in dieser Wirklichkeit genau so nach, wie sie ihnen dort gezeigt worden sind. Manchmal wird uns im Traum von den Spirits ein Gegenstand übergeben, den wir kurz darauf im Leben von irgendjemandem geschenkt bekommen oder irgendwo finden. Dinge aus der Traumzeit gelangen unmittelbar zu uns, was wieder einmal zeigt: Die verschiedenen Wirklichkeiten existieren nicht getrennt voneinander.

Wenn sich die unterschiedlichen Ebenen überschneiden, nennt man dies im Schamanismus die Verschiebung der Zweiten Aufmerksamkeit. Auch bei der heilerischen Tätigkeit wird die Aufmerksamkeit auf die hinter der sichtbaren Form wirkende Energie gelenkt. Diese wird neu ausgerichtet, um Heilung zu erzielen. Alles, was sich manifestiert, geschieht zuerst auf der feinstofflichen Ebene. Wir träumen alles, bevor es geschieht.

Die Schöpferkraft ehren und etwas darbieten

Die geistigen Kräfte zu achten, zu ehren und ihnen zu danken, ist sehr wichtig in der schamanischen Arbeit. Hier geht es um die Verbundenheit mit allem. Wenden wir uns ihnen voller Respekt zu, so gewähren sie uns Einlass in ihr Reich, Führung und Schutz darin. Wir stehen in einem ständigen Austausch mit den verschiedensten geistigen Energien. Ob uns ein Ort, ein Mensch, ein Tier, eine Pflanze oder ein anderes Wesen etwas erzählt oder nicht, hängt davon ab, wie wir mit ihm oder ihr umgehen und uns ihm bzw. ihr nähern. Die Voraussetzungen für die Kontaktaufnahme sind innerer Frieden und die Vereinigung der großen Kräfte in uns.

EINE TECHNIK ZUR INNEREN HEILUNG

Nimm dir etwas Zeit für dich. Werde ruhig, entspanne dich, und finde Frieden in dir.
Stelle dir nun vor, wie du den Deckel zu deinem Unterbewusstsein öffnest. Dort findest du deine Wurzeln. Lenke sie zu der sprudelnden, klaren, nährenden Quelle in deinem Inneren. Von hier aus steigt die Kraft in dir auf und versorgt dich. Sieh, wie gleißendes Licht bis zu deinen Wurzeln vordringt.
Gehe zu der Tür, hinter der deine weiblichen Ahnen auf dich warten. Öffne die Tür, und sende einen goldenen Segensstrom zu ihnen.
Gehe dann zu der Tür, hinter der deine männlichen Ahnen auf dich warten. Öffne sie, und sende einen goldenen Segensstrom zu ihnen.
Bitte auf deine Weise darum, dass du in dir Frieden mit diesen beiden Seiten schließen kannst, und frage, was du der Erde als Opfer anbieten kannst, damit du diesen Frieden findest.
Lege dich auf die Erde. Schließe deine Augen. Fühle, wie die Erde dich trägt – du kannst nicht von ihr hinunterfallen. Nimm das Getragenwerden ganz deutlich wahr.

Bitte, dass man dich zu Mutter Erde führt. Frage sie, was sie von dir braucht, damit das Verhältnis zwischen euch heilen kann. Wenn du eine Botschaft empfangen hast, dann vollziehe symbolisch das nach, was man dir mitgeteilt hat, und sprich dabei: »Frieden sei zwischen uns, jetzt und für alle Zeit.«

Sich in der Natur mit Energie aufladen und Kraft gewinnen

Tief in unserem Inneren gibt es eine Quelle, die alles Lebendige speist. Es ist die gleiche unsterbliche Seele, die allen Lebewesen innewohnt, sei es Stein, Pflanze, Tier oder Mensch. Wir können uns durch die Kraft der Natur wieder mit der Quelle allen Lebens und der Quelle in uns verbinden, uns aufladen und neue Kraft gewinnen. Je mehr Energie wir zur Verfügung haben, desto klarer wird unser Traumerleben und desto leichter gelingt es uns, uns im nächsten Schritt in Pflanzen, Bäume oder Steine hineinzuträumen.

»Gott ruht in den Steinen, Gott schläft in den Pflanzen, Gott träumt in den Tieren, und schließlich erwacht er in einem ›erleuchteten‹ Menschen.«

nach Rabindranath Tagore,
bengalischer Dichter und Literatur-Nobelpreisträger

ÜBUNG: KRAFT IN DER NATUR SCHÖPFEN

Suche dir einen wunderschönen Platz in der Natur, am besten an einem fließenden Gewässer, an einem warmen sonnigen Tag. Bringe der Erde ein Opfer dar (Räucherwerk, Blüten, Brot o. Ä.).
Lege dich mit dem Bauch auf die Erde. Atme verbrauchte Luft tief aus dem Bauch aus, und übergib sie der Erde zur Wandlung.
Schließe deine Augen. Stelle dir nun vor, wie du ein Teil der Natur wirst. In deiner Vorstellung fließt das Gewässer, an dem du dich befindest, durch dich hindurch, trägt alle verbrauchte Energie hinfort und bringt neue Kraft zu dir.
Wenn du merkst, dass du einschläfst, bitte darum, dass sich dieser Prozess im Traum fortsetzt und deine Lebensenergie noch stärker freigesetzt wird. Lasse ihn geschehen, solange es notwendig ist.
Wenn du wieder wach wirst, rolle dich auf den Rücken. Nimm das Sonnenlicht auf. Spüre, wie es jede Zelle und jedes Atom mit Energie versorgt.
Träume im Halbschlaf noch ein bisschen weiter, und bitte darum, dass dieser Prozess weiter fortgesetzt wird und dass dein Wesenskern zu leuchten beginnt. Wenn es dann Zeit für dich ist, aufzuwachen, strecke dich, und atme tief ein.

Du wirst merken, dass du in den nächsten Tagen mehr Energie zur Verfügung hast. Es kann auch sein, dass deine Wahrnehmung für dich selbst besser wird und du merkst, wie müde du von dem ganzen In-der-Welt-eingebunden-Sein bist. Wiederhole den Vorgang, bis du spürst, dass Energie in dich einfließt. Wenn du dich wieder verbunden hast, gehe weiter zur Übung auf der nächsten Seite.

Sich in eine Pflanze, einen Ort, ein Tier hineinträumen

Wenn wir in der heiligen Natur lesen wollen, so sollten wir ihr mit Respekt und Achtung gegenübertreten. In ihr lebt die gleiche Seele wie in uns, wir sind miteinander verbunden. So können wir auch mit allem in Kontakt treten und kommunizieren. Viele Medizinmänner und -frauen, Heiler, Heilerinnen, Schamanen und Schamaninnen treten mit den Geistern der Natur, mit Pflanzen, Tieren, Steinen, Elementen, dem Wetter oder Orten, in Kontakt. Ein Weg, mit diesen in Verbindung zu gehen, führt durch die Träume. Über das Träumen und das Verschieben unserer Zweiten Aufmerksamkeit (indem wir uns auf den Geist in allen Dingen konzentrieren und nicht nur auf die äußere Form) können wir direkt mit diesen Wesenheiten in Kontakt treten. Wir träumen uns zu ihnen hin, in sie hinein und bleiben eine Zeit lang mit ihnen zusammen. Sie erzählen uns etwas über ihre Kräfte, ihre Heilwirkungen und ihre Anwendungsmöglichkeiten, wenn wir unser Bewusstsein öffnen und ihnen zuhören. Diese Übung ist der erste Schritt. Nimm dein Tagebuch und einen Stift mit, und schreibe deine Erfahrungen auf.

ÜBUNG: SICH IN EINE ANDERE WESENHEIT HINEINTRÄUMEN

Gehe in die Natur. Bitte dort auf deine Weise darum, dass du eine heilende Vision erhältst. Du kannst im Geiste ein Gebet losschicken. Bitte deine innere Führung darum, dich jetzt zu begleiten.

Lasse dich von einem Ort, einer Pflanze oder einem Tier rufen. Bitte um die Erlaubnis, dich anzunähern und das Energiefeld zu betreten. Es gibt verschiedene Zeichen, die eine Einwilligung signalisieren: Wohlgerüche, angenehme Gefühle, Wärme, Leichtigkeit, Helligkeit, das Gefühl, sich ausdehnen zu können und zu dürfen. Fehlendes Einverständnis zeigt sich durch Gestank, Kälte, ein Gefühl der Unreinheit, den Wunsch, sich zusammenzuziehen. Erfühle, ob dir Zugang gewährt wird, das ist unbedingt notwendig.
Hast du die Zustimmung erhalten, suche dir ein Plätzchen, an dem du dich sicher fühlst und dich schlafen legen kannst. Mache es dir dort bequem. Betrachte vor dem Einschlafen deine Umgebung, vielleicht entdeckst du einen Eintrittspunkt ins Träumen – Eingänge ins Reich der Träume gibt es unendlich viele. Verbinde dich mit der Pflanze, dem Tier, dem Platz, und schaue, wo für dich der Eingang liegen kann.
Konzentriere dich auf den Eingang, die Essenz oder die Augen des Wesens, dessen Welt du betreten möchtest. In der Regel beginnt damit ein wechselseitiger Energieaustausch, der auf allen Ebenen spürbar wird. Dies kannst du erst eine Zeit lang mit offenen Augen tun. Wenn du merkst, dass das Wesen dich zu sich zieht, schließe die Augen. Erlaube deinem Energiekörper, in die gewünschte Form hineinzureisen und einzutauchen. Stelle dir vor, wie ihr euch energetisch aufeinander zubewegt. Träume vor dich hin, aber bleibe bewusst, und nimm wahr, was geschieht.
Wenn die Zeit um ist, bedanke dich für alles, was du gesehen, gehört und erhalten hast. Zur Bestätigung kannst du um ein Zeichen in der Realität bitten. Komme zurück, und halte danach Ausschau. Schreibe dein Erlebnis auf. So sammelst du deine Erfahrungen.

Sofern du die Erlaubnis eines anderen Menschen erhalten hast, kannst du dich mit dieser Technik auch in einen anderen Menschen hineinträumen.

Ein Kraftobjekt erträumen und in die Wirklichkeit bringen

»Heyoha, bringe mir die Kraft, sende mir den Traum,
sende mir die Kraft, Heyoha!«

unbekannte indianische Quelle

Kraftobjekte sind in Form gebundenes, materialisiertes Wissen. Die Objekte werden uns von den Geistern und Kräften der Anderswelt geschenkt und können durch eine Zeremonie mit Kraft aufgeladen werden. Derlei Gegenstände können Schilde, Edelsteine, Federn, Knochen, Krallen, Medizinbündel und -beutel, Stäbe aller Größen und aller Arten oder Heildecken sein.

Kraftobjekte können uns helfen, verlorene Energie zurückzugewinnen, uns vor Übergriffen schützen, uns Kraft übertragen und uns dabei unterstützen, Sehnsüchte im Zaum zu halten. Wir können mit ihnen aber auch anderen Menschen Heilkräfte überbringen. Oft tun wir dies unbewusst: Wir schenken unseren Kindern Kuscheltiere, damit sie sich des Nachts nicht allein fühlen. Wir sagen ihnen, dass der Bär, Hase oder Löwe auf sie aufpassen wird, und übertragen unsere Kraft auf den plüschigen Freund, indem wir ihn knuddeln oder dem Kind in die Arme drücken. Das Kind wird tatsächlich mithilfe des Kuscheltiers, das wir ihm aus tiefer Liebe und mit den besten Wünschen geschenkt haben, in unangenehmen Situationen Kraft schöpfen können.

ÜBUNG: DEIN KRAFTOBJEKT

Variante 1:
Bitte deine geistige Führung vor dem Einschlafen, dir ein Kraftobjekt zu zeigen, das für dich im Augenblick von Bedeutung ist, damit du deine Situation gut überstehen kannst. Sprich ein Gebet, und zünde für deine Führung ein Räucherstäbchen an. Es kann sein, dass du daraufhin einen deutlichen und klaren Traum erhältst. Doch ebenso kann es geschehen, dass du in den nächsten Tagen auf anderen Wegen einen Gegenstand erhältst.

Variante 2:
Du kannst dich aber auch bewusst in eine Situation hineinträumen, mit deinen Engeln, Meistern und Meisterinnen oder Krafttieren Kontakt aufnehmen und dir von ihnen den Kraftgegenstand zeigen lassen:
Zünde eine Kerze und ein Räucherstäbchen an. Wenn es dir nicht gut geht und du dich schutzbedürftig fühlst, ziehe einen imaginären Schutzkreis um dich. Setze dich in die Mitte. Schließe deine Augen, und konzentriere dich auf deinen Atem. Stelle dir nun einen Regenbogen vor. Die Farben, die für dich wichtig sind, lösen sich daraus und umhüllen dich ganz und gar.
Das Licht zieht dich nach oben. Du stehst vor deiner inneren Führung. Bitte sie, dich jetzt zu dem Kraftobjekt zu bringen. Lasse es dir genau zeigen: Welche Form hat es? Welche Farben? Welche Besonderheiten? Frage, wo du es finden kannst und wie es dir helfen wird.
Komme wieder zurück, öffne deine Augen, und male den Gegenstand, den du gesehen hast, damit du ihn wiedererkennst, wenn du ihn irgendwo siehst, oder damit du ihn basteln kannst.
Wenn du dein Objekt in den Händen hältst, setze dich wieder in einen Schutzkreis. Zünde eine Kerze und ein Räucherstäbchen an, und lasse dich zu deiner inneren Führung bringen. Zeige dein

Kraftobjekt. Bitte darum, dass dieses Objekt mit den Kräften, die es besitzen soll, aufgeladen wird. Schließlich kannst du noch fragen, ob es noch etwas für dich zu tun gibt. Danach sprich ein Gebet. Bedanke dich. Behalte dieses persönliche Kraftobjekt bei dir. Du wirst die Hilfe der darin konzentrierten Kraft in deinem Leben spüren. Es kann sogar in deinen Träumen aktiv wirken. Wenn seine Zeit um ist, löst es sich auf, zerbricht oder geht verloren.

Die Traumschatulle oder Traumbox

Die Legende von der Traumbox stammt angeblich aus Lemuria, der mythischen voratlantischen Kultur, wird aber auch vielfach mit Atlantis in Verbindung gebracht. Man sagt, die Arbeit mit der Traumbox helfe, tiefste Herzensträume wahr werden zu lassen. Wenn wir unsere Herzenswünsche mit in den Traum nehmen, sie mit Traumkraft aufladen, dann geht unser höheres Bewusstsein auf Reisen, um Lösungen, Verbindungen und ungeahnte Möglichkeiten zu uns zu bringen. Wir geben unseren Wunsch an die höchste Instanz in uns ab. Viele Lösungen und Wege wurden auf den Traumpfaden des Lebens gefunden. Probiere es selbst aus.

ÜBUNG: WÜNSCHE KÖNNEN WAHR WERDEN

Suche dir eine hübsche Schachtel, Dose oder kleine Kiste, oder bastle dir eine. Du kannst sie anmalen und bekleben, außerdem mit Symbolen, Edelsteinen, Muscheln und anderen Dingen, die dir am Herzen liegen, verzieren. Weihe sie, und stelle sie danach neben dein Bett.
Lege deine Hände auf dein Herz. Horche in dich hinein, und spüre, was du dir tief in deinem Herzen wünschst. Schreibe diesen Wunsch auf einen Zettel, und lege diesen in deine Traumbox.
Jeden Abend, wenn du ins Bett gehst, nimm deine Traumbox in die Hand, und denke ganz fest an deinen Wunsch. Gib ihn mit der Bitte, dass er in Erfüllung gehen möge, in die Traumwelt ab.
Unsere Träume haben Macht, mit ihrer Hilfe können Wünsche wahr werden. Achte auf deine Traumbilder und -botschaften. Sie werden dich führen. Sei nicht ungeduldig, sondern widme dich dem Wunsch in deiner Traumbox mit Liebe und Hingabe.

Hier ein Erlebnis, das eine Bekannte von mir mit ihrer Traumschatulle hatte: »Ich hatte meinen Freundschaftsring verloren, der mir sehr viel bedeutete. Ich legte einen Zettel in meine Traumschatulle mit der Bitte, dass dieser Ring wieder zu mir finden möge. Einige Tage suchte ich vergeblich. Doch jeden Abend vor dem Zubettgehen bat ich um Rat. Wenige Tage später sah ich im Traum dann, wie mein Ring unter dem Küchenschrank hervorkullerte und sich direkt vor meine Füße legte. Am nächsten Tag fand ich ihn genau unter diesem Schrank.«

Der Traumfänger

»Vor langer Zeit gab es eine Frau, deren Kind immer schlecht träumte und davon aufwachte. Sie sah im Traum einen Kreis mit einem Netz – ähnlich dem einer Spinne. Sie webte mit all ihrer Liebe ein Netz für ihr Kind und hängte es, als ihr Kind schlief, über ihm auf. Von da an war Frieden in der Nacht.«

indianische Geschichte

Der Traumfänger ist ein aus Schnüren in einen kreisförmigen Rahmen geflochtenes Netz, das mit Steinen und Federn versehen ist. Der Kreis symbolisiert den ewigen Zyklus des Lebens. Er harmonisiert, schützt und zieht Gutes an. Seine Form ist natürlich und findet sich auf vielen Ebenen der Wirklichkeit wieder.

Der Traumfänger soll die Schlafenden vor bösen Geistern beschützen, die sich in dem Netz verfangen, wenn sie zu ihnen vordringen wollen. Die unangenehmen, wirren Träume fühlen sich von dem Netz angezogen. Dort bleiben sie hängen, bis der Morgen heraufdämmert. Das Licht des Tages und die ersten Sonnenstrahlen lösen die im Netz gefangenen bösen Träume auf. Die schönen Träume werden durch die Federn am Rand des Kreises nach unten auf die Schlafenden geleitet.

Wenn wir unseren Traumfänger knüpfen, können wir unsere eigenen Träume und Visionen in das Netz hineinflechten, ebenso gute Gedanken, Wünsche und die Kräfte, die wir uns für die Nacht erhoffen. Der Traumfänger sollte frei schwingen können. Du kannst ihn übrigens auch an die Tür hängen, damit der Alltag draußen bleibt. Von Zeit zu Zeit solltest du den Traumfänger mit dem Rauch von Weißem Salbei energetisch reinigen.

Bedeutung der Objekte, die an einem Traumfänger angebracht werden:

- **Federn:** Sie sind gute Vermittler von positiven Energien, denn sie kommen von den Vögeln, die als Boten des Himmels, gute Spirits und Mittler zwischen Himmel und Erde gelten.
- **Perlen im Netz:** Sie sind für die aufgefangenen dunklen Träume gedacht, damit diese etwas zum Spielen haben und abgelenkt sind.
- **Kristalle:** Sie symbolisieren Klarheit und Wachheit.
- **Holz:** Es steht für Ruhe, Verwurzelung und Verbundenheit.
- **Fell:** Es schenkt Wärme und Geborgenheit.
- **Heilsteine:** Es zeigt sich die dem jeweiligen Stein entsprechende Wirkung, z. B. Türkis für Schutz und liebevolle Abgrenzung, Rosenquarz für innige Zuwendung.
- **Glöckchen:** Schöne Klänge vertreiben negative Energien und schlechte Laune.
- **Teile/Figuren/Bilder von Tieren:** Sie aktivieren die Fähigkeiten und die Kräfte des jeweiligen Tiers.

ÜBUNG: BASTLE DIR DEINEN TRAUMFÄNGER

Was du dazu brauchst:

- 1 biegsamen Ast (z. B. Weide)
- Lederstreifen, Sehnen, Wolle oder Bastband
- 1 langes Band oder 1 lange Schnur
- Federn, Perlen, Steine oder anderen Schmuck deiner Wahl
- 1 Schere und Klebstoff
- Weißer Salbei und Räucherutensilien

Überlege dir, was du im Traum erfahren willst. Was möchtest du mittels des Träumens erlernen (z. B. Heilen, das Erlangen von Kraft, astrales Reisen, Erwachen im Traum …)?

Schließe deine Augen. Schlafe ein, und halte dabei in deinem Bewusstsein das Bild von einem Traumfänger aufrecht. Vielleicht zeigen sich dir vor deinem geistigen Auge Gegenstände aus der Natur, Heilsteine, Krafttiere … Nimm das Bild deines geträumten Traumfängers mit in die Wirklichkeit herüber: Suche dir einen biegsamen Ast (z. B. von einer Weide). Biege ihn zu einem Kreis. Du kannst Lederstreifen, Sehnen, Wolle oder ein Bastband nehmen und den Kreis damit umwickeln, sodass er hält. Umwickle ihn ganz mit dem Material, sodass nichts mehr vom Ast zu sehen ist, und schneide ab, was übersteht, oder knote die Enden zusammen.

Nimm nun ein langes Band oder eine lange Schnur zur Hand. Binde ein Ende am Ring fest, und wickle die Schnur, das Band in regelmäßigen Abständen um den Ring, sodass etwa zehn Schlaufen entstehen. Spanne die Schnur immer gleichmäßig an, und achte darauf, dass du die Schlaufen alle in dieselbe Richtung machst. Wenn du wieder bei der ersten Schlaufe angekommen bist, beginnst du in ähnlicher Weise mit der zweiten Reihe.

Knüpfe die zweite Reihe, indem du Schlaufen in die Mitte der vorher gespannten Schlaufen einarbeitest. Die Schlaufen der folgenden Reihen werden zur Mitte hin immer kleiner. Achte auf das regelmäßige Anspannen. Du kannst jetzt bereits nach Belieben Objekte wie Perlen in das Netz, das du gerade webst, einarbeiten. Auf diese Weise fährst du fort, bis du in der Mitte des Rahmens angekommen bist. In der letzten Schlaufe, wenn das Netz fertig ist, knote das Band bzw. die Schnur fest. Du kannst entweder noch ein Objekt festbinden oder den Rest der Schnur abschneiden.

Nun kannst du Federn, Perlen oder Steine an deinem Traumfänger anbringen. Die Anzahl und Position ist deiner Vorstellung überlassen.

Wenn du fertig bist, räuchere deinen Traumfänger mit Weißem Salbei ab. Lege ihn an dein Herz, und schließe deine Augen. Bitte die Engel, Spirits und Schutzgeister, diesen Traumfänger zu weihen und zu segnen. Lasse über deine Hände Energie in ihn hineinfließen. Du wirst es spüren, wenn dies geschehen ist. Hänge deinen Traumfänger frei schwingend über dem Bett auf, für das er gedacht ist.

Liebe Leserin, lieber Leser,

nun sind wir am Ende dieses Buches angelangt. Ich hoffe, ich konnte dir einen ersten Einblick in die Welt des Träumens geben. Es gibt so viele Rituale, Wege und Möglichkeiten, auf den Traumpfaden des Lebens zu wandeln. Jede Reise beginnt mit dem ersten Schritt, so auch die ins Reich der Träume.

Die Fähigkeit, zu träumen, sich seiner Zweiten, geistigen Natur zu öffnen, die Hoffnung, Visionen zu finden und zu halten, ist uns geschenkt worden, damit wir sie anwenden. Sie kann uns zurück in unsere geistige Freiheit führen, Unmögliches möglich machen und uns den Zugang zu einem neuen Potenzial in uns eröffnen. Beim Träumen können wir die Verbundenheit mit allem erfahren und die Möglichkeiten, die wir haben. Dort erobern wir uns das holografische oder holistische (ganzheitliche) Weltbild zurück, das von der Einheit alles Seienden ausgeht. Das Schlafen, das Träumen, ist nicht getrennt von der Wirklichkeit. Es gehört zu ihr, pulsiert durch sie. Es lohnt sich, die Teile zusammenzufügen und sie Hand in Hand wirken zu lassen.

Öffnen wir uns dem Wunder des Lebens, dem Wunder, das durch das Träumen zu uns gelangen kann! Wenden wir uns unseren Träumen zu, denn in ihnen liegt alles, was wir wissen müssen, was wir brauchen und was wir erfahren sollten, um unser ureigenes Potenzial zur Entfaltung zu bringen.

»Gib zu, du liebst die Hoffnung mehr als die Wahrheit!
Dann besteht noch Hoffnung.
Irgendwann ist die Hoffnung nicht mehr,
weil sie wahr geworden ist.«

Quelle unbekannt

Ich habe viele Prophezeiungen gehört und gelesen. Darunter viele der Naturvölker. Sie alle sahen eine Zeit der Entzweiung, des Kampfes, voraus, aber auch eine Wiederkehr der Einheit von allem. Was mich am meisten beeindruckte: In keiner Vorhersage findet sich die Ankündigung von Rache, Wiedergutmachung oder Ähnlichem, sondern nur die Ankündigung von Frieden, einer universellen Gemeinschaft und Freiheit. Wenn der lebendige

Geist zurückkehrt und jeder Mensch den ihm gebührenden Platz einnimmt und seinen ureigenen Ton singt, dann werden sich die Klänge miteinander verknüpfen, und das Lied der Gemeinschaft wird wieder erklingen.

Es gibt nichts Schöneres, als an der Schöpfung teilzuhaben, die Verbundenheit mit allem Lebenden zu fühlen und die unbegrenzten Möglichkeiten zu nutzen, die uns gegeben sind, um die Welt in uns lichtvoll zu wandeln und damit auch das, was unmittelbar in unserem Einflussbereich liegt.

Träumen wir uns in die Zukunft, und wahren wir unsere Vision von Glück, Frieden, Liebe und Freundschaft, damit sie Wirklichkeit werden kann! In dir, liebe Leserin, lieber Leser, liegt der neue Same, die Vision. Du bist aufgerufen, ihr zu folgen.

Mögen der Segen und die guten Kräfte allzeit mit dir sein.
Mögen dich die Liebe und die Weisheit in dir
auf all deinen Wegen führen.

Jeanne Ruland

Danksagung

Einen lieben Dank von Herzen all denjenigen, die mich auf meinem Weg geführt und bei der Entstehung dieses Werkes mitgewirkt haben. Lernen, Erfahrungen sammeln und Wissen anhäufen, das sind Dinge, derer wir nie müde werden sollten, denn mit jeder praktischen Erfahrung erweitert sich unser Raum.

So gilt mein außerordentlicher Dank – neben vielen anderen Lehrern und Lehrerinnen – Dr. Nida Chenagtsang, einem in Tibet geborenen Arzt, bei dem ich ein Seminar über tibetische Medizin und Traumpraxis besuchte. Er bereicherte mein schamanisches Wissen, indem er mir eine weitere und noch tiefere Dimension des Träumens eröffnete. Bei ihm lernte ich, den Zusammenhang zwischen Krankheit und Traumbildern zu erkennen, sie zu deuten, und erweiterte meine Kenntnisse über die Traumpraxis. Ein kleiner Teil dieses übermittelten Wissens ist in dieses Buch in meinen eigenen Worten mit eingeflossen.

Besonders danken möchte ich meinen Verlegern Markus und Heidi Schirner für ihr Vertrauen in mich und die Veröffentlichung dieses Werks, weiter meiner Lektorin Kirsten Glück, die der ersten Fassung des Werks den nötigen Schliff gegeben hat, meinem Mann Murat Karaçay für die Bilder der Erstausgabe sowie meinen Kindern für ihre Geduld.

Großer Dank gebührt auch den Teilnehmern und Teilnehmerinnen an meinem ersten Traumseminar in Österreich, die ich in das Reich der Träume einführen durfte und die mich ihrerseits als Traumlehrerin initiiert haben. Sie waren es auch, die mich ermuntert haben, dieses Buch zu schreiben. Hier wären zu nennen: Familie Dengel, Manuela, Wenni, Sabine und Andi, Manuela und Rainer, Diana, Maria, Meggy, Heli Argyll und Carmen.

Und ich möchte den Kindern in der Welt danken. Es ist für uns Erwachsene wichtig, ihnen zuzuhören, wenn sie von ihren Träumen erzählen, und sie auf dieser Ebene zu begleiten. Dort öffnet sich die Welt der Seele mit all ihren Schätzen. Wir als Eltern, Lehrer und Lehrerinnen, Paten und Patinnen, Freunde und Freundinnen können den Kindern auf der inneren Ebene helfend und sanft beistehen – und dadurch lernen.

Von Herzen danke!

Jeanne Ruland

Literaturverzeichnis

- Bächtold-Stäubli, Hanns (Hrsg.): Handwörterbuch des deutschen Aberglaubens. Berlin: De Gruyter 1987
- Baumgarten, Andreas: Das Superbuch der Traumdeutung. München: Bassermann 2003
- Brennan, James H.: Astral-Projektion. Freiburg: Bauer 1999
- Browne, Sylvia: Das Buch der Träume. München: Goldmann 2005
- Brücke zur Freiheit e.V.: Die Lichtstätten der Großen Weißen Bruderschaft. Berlin 2002
- Castaneda, Carlos: Die Kunst des Träumens. Frankfurt: Fischer 1998
- Cotterell, Arthur: Die Enzyklopädie der Mythologie. Reichelsheim: Edition XXL 1999
- Franz, Marie-Louise von: Traum und Tod. Zürich: Walter 1999
- Golowin, Sergius: Drache, Einhorn, Oster-Hase und anderes phantastisches Getier. Basel: Sphinx 1994
- Grimm, Jacob: Deutsche Mythologie. Göttingen 1835
- Jung, C. G.: Der Mensch und seine Symbole. Olten: Walter 1991
- Kaiguo, Chen/Shunchao, Zheng: Der geheime Meister vom Drachentor. München: Ansata 2000
- Kenneth, Johnson: Die Weisheit des Jaguars. München: Hugendubel 2001
- Knaurs Lexikon der Mythologie. München: Knaur 1999
- Lambert, David: Der Kosmos-Tieratlas. Stuttgart: Franckh-Kosmos 1992
- Marx, Helma (Hrsg.): Das Buch der Mythen aller Zeiten aller Völker. München: Diederichs 1999
- Meadows, Kenneth: Das Naturhoroskop. Frankfurt: Fischer-Taschenbuch-Verlag 2006
- Miers, Horst E.: Lexikon des Geheimwissens. München: Goldmann 1997
- Muldoon, Sylvan J./Carrington, Hereward: Die Aussendung des Astralkörpers. Freiburg: Bauer 1986
- Monroe, Robert A.: Über die Schwelle des Irdischen hinaus. München: Ansata 2002

- Redfield, James/Carol, Adrienne: Das Buch von Celestine. München: Heyne 2000
- Ritter, Ulrich: Zeichen und Symbole. Köln: Könemann 2000
- Sun Bear/Wabun Wind/Mulligan, Crysalis: Das Medizinrad-Praxisbuch. München: Goldmann 1993
- Tunneshende, Merilyn: Der Geist der Regenbogenschlange. München: Econ-Taschenbuch-Verlag 2000
- Vaughan-Lee, Llewellyn: Spirituelle Traumarbeit. Interlaken: Ansata 1992
- Wabun Wind/Reed, Anderson: Die Macht der heiligen Steine. München: Goldmann 1989
- Waelti, Ernst R.: Der dritte Kreis des Wissens. Interlaken: Ansata 1983
- Waters, Frank: Das Buch der Hopi. München: Droemer Knaur 1999
- Wilson Schaef, Anne: Botschaft der Urvölker. Fulda: Ikarus 1996
- Zolbrod, Paul G.: Auf dem Weg des Regenbogens. München: Diederichs 1988
- Zumstein, Carlos: Der schamanische Weg des Träumens. München: Hugendubel 2003

Über die Autorin

Jeanne Ruland war Autorin, Wegbereiterin in die Neue Zeit, Engelmedium, Lehrerin und internationale Seminarleiterin. Sie unterrichtete Natur-, Engel-, Meister- und Strahlenlehre, Huna sowie die Lehre der Heiligen Geometrie. Sie bot außerdem internationale Reisen zu Kraftorten an. Ihr fundiertes Wissen und ihre langjährige Erfahrung in der Energiearbeit gab sie gern weiter, um zu erinnern und zu erwecken.
Am 13. November 2021, einem Engeltag, ist Jeanne Ruland ins Licht gegangen. In ihren zahlreichen Werken bleiben ihr unglaubliches geistiges Erbe, ihre Vision einer besseren Welt und ihr außergewöhnliches Licht unvergessen. Ihre bekanntesten Werke sind: »Das Geheimnis der Rauhnächte«, »Das große Buch der Engel«, »Die lichte Kraft der Engel«, »Die Gegenwart der Meister«, »Krafttiere begleiten dein Leben«, »ALOHA – Gelebte Liebe«, »Maria Magdalena« sowie Bücher, CDs und Kartensets zum Thema »Heilige Geometrie«. **www.shantila.de**

Bildnachweis

Bilder von der Bilddatenbank www.shutterstock.com

Schmuckelemente auf allen Seiten: Sonne, Mond und Sterne: # 1922395829 (© Valedi); Hintergrundbild Sternenhimmel: # 441807364 (© Savvapanf Photo)

Weitere Bilder: S. 3: # 750659479 (© sripfoto), # 406178962 (© Olga_C), S. 10: # 2113432709 (© LilKar), S. 10: # 750659479 (© sripfoto), S. 13: # 1502881307 (© sun ok), S. 14: # 625010075 (© Sergey Nivens), S. 17: # 1244146942 (© Forrest9), S. 18: # 1535939810 (© Mia Stendal), S. 21: # 1073090150 (© herryfaizal), S. 22: # 1682890798 (© Jozef Klopacka), S. 24: # 1621736734 (© Jozef Klopacka), S. 25: # 1814180024 (© Viacheslav Lopatin), S. 26: # 2026829594 (© Artem Avetisyan), S. 29: # 1236746887 (© Teo Tarras), S. 31: # 1034080006 (© thanasus), S. 32: # 599743919 (© Billion Photos), S. 33: # 1982704136 (© Lord Beard), S. 34: # 2188290927 (© Bisams), S. 36: # 1292444905 (© Sergey Nivens), S. 38: # 1436213444 (© Lia Koltyrina), S. 40: # 1544600756 (© Julia Ardaran), S. 42: # 98095046 (© Bruce Rolff), S. 44: # 1675405960 (© Gustavo MS_Photography), S. 46: # 1097947538 (© StunningArt), S. 48: # 2042318888 (© synthetick), S. 50: # 1723327936 (© sun ok), S. 52: # 1840289866 (© Teo Tarras), S. 54: # 336955736 (© Nikki Zalewski), S. 58: # 665429929 (© Romolo Tavani), S. 60: # 647148175 (© IgorZh), S. 62: # 2261958851 (© muratart), S. 67: # 570625708 (© lassedesignen), S. 73: # 1550897078 (© Kseniya Ivashkevich), S. 76: # 1207220992 (© Pavel Chagochkin), S. 80: # 400379983 (© Yuganov Konstantin), S. 82: # 1882957933 (© Netrun78), S. 83: # 232570309 (© mimagephotography), S. 85: # 1507922393 (© Dragana Gordic), S. 86: # 2099633278 (© sunnychicka), S. 87: # 412677292 (© agsandrew), S. 88: # 522551311 (© Hlib Shabashnyi), S. 90: # 1369761254 (© Cristina Conti), S. 92: # 1500397247 (© Cristina Conti), S. 94: # 1708958188 (© alexkich), S. 97: # 724017913 (© tomertu), S. 99: # 1826890442 (© Bruce Rolff), S. 101: # 2038381448 (© Ironika), S. 104: # 1979700710 (© New Africa), S. 106: # 1828086377 (© Zolotarevs), S. 108: # 1993895306 (© AlexAnton), S. 110: # 225456511 (© Honza Hruby), S. 112: # 2182834337 (© Jozef Klopacka), S. 114: # 1702122823 (© Rafinaded), S. 116: # 1363317248 (© sun ok), S. 118: # 1855711123 (© Mimma Key), S. 120: # 740557645 (© yulianas), S. 122: # 2021559797 (© WhataWin), S. 123: # 1869396136 (© yulianas), S. 124: # 1061920559 (© Sergey Nivens), S. 126: # 614619689 (© Cristina Conti), S. 128: # 1908713155 (© Julia Ardaran), S. 130: # 636533834 (© Yuganov Konstantin), S. 131: # 653166973 (© fizkes), S. 133: # 2005247978 (© Piscine26), S. 134: # 2063087525 (© Pikovit), S. 137: # 70778032 (© Dmitry Melnikov), S. 138: # 1125574835 (© Phoenixns), S. 144: # 406219696 (© SAQUIZETA), S. 147: # 598439609 (© kdshutterman), S. 151: # 151267148 (© alphaspirit.it), S. 162: # 1510165223 (© Microgen), S. 164: # 1714137370 (© agsandrew), S. 168: # 1590212731 (© StunningArt), S. 170: # 2135203189 (© PopTika), S. 176: # 406178962 (© Olga_C), S. 176: # 1951116601 (© Irina Vaneeva), S. 179: # 677955076 (© Alena Ozerova), S. 180: # 1399115060 (© New Africa), S. 185: # 1411081283 (© Me dia), S. 186: # 1508686610 (© melitas), S. 189: # 156274703 (© Elena Schweitzer), S. 191: # 1291117696 (© Kseniya Ivashkevich), S. 195: # 438229696 (© begemot_30), S. 197: # 1056124583 (© Sergey Nivens), S. 201: # 2160689853 (© Inked Pixels), S. 205: # 1907036434 (© Inked Pixels), S. 206: # 704811184 (© Paksongpob Kasempisaisin), S. 210: # 1801227574 (© Teo Tarras), S. 211: # 638004649 (© fran_kie), S. 217: # 727359205 (© Zolotarevs), S. 220: # 270037865 (© Song_about_summer), S. 222: # 292597868 (© djgis), S. 224: # 1723289620 (© Ekaterina Pokrovsky), S. 226: # 1323957341 (© FotoHelin), S. 228: # 2156365197 (© encierro), S. 230: # 376567954 (© Golubovy), S. 232: # 1473442271 (© Julia Ardaran), S. 235: # 1563947371 (© Julia Ardaran), S. 239: # 153152849 (© Atelier Miriam), S. 239: # 318842141 (© Pasko Maksim)

Autorenfoto, S. 239: Andrea Kowitz-Vierheller